数学课堂里的「让教」

SHUXUE KETANG LI DE RANGJIAO

邱志刚 ▼ 著

东北师范大学出版社

长 春

图书在版编目（CIP）数据

数学课堂里的"让教" / 邱志刚著. — 长春：东北师范大学出版社，2023.3
ISBN 978-7-5771-0151-4

Ⅰ.①数… Ⅱ.①邱… Ⅲ.①中学数学课－课堂教学－教学研究－初中 Ⅳ.①G633.602

中国国家版本馆CIP数据核字（2023）第050528号

□责任编辑：石　斌　　　　　　□封面设计：言之凿
□责任校对：刘彦妮　张小娅　　□责任印制：许　冰

东北师范大学出版社出版发行
长春净月经济开发区金宝街 118 号（邮政编码：130117）
电话：0431-84568023
网址：http：//www.nenup.com
北京言之凿文化发展有限公司设计部制版
北京政采印刷服务有限公司印装
北京市中关村科技园区通州园金桥科技产业基地环科中路 17 号（邮编：101102）
2023年3月第1版　2024年1月第1次印刷
幅面尺寸：170mm×240mm　印张：15.75　字数：246千

定价：58.00元

从教二十几年来，我总在思索我们应该给学生什么样的教育。回想自己一路的教育历程，其实每个阶段都会有每个阶段的想法，会有不同的教育理解。

工作的前几年，我更多的是在模仿不同的教师。那时的教育环境比较宽松，对学生的成绩、对教师的考核要求都不是很高，但也因为没有紧迫的环境，加之对自我管理的放松，我的教学更多的是"摸着石头过河"，想来有些愧对学生。随着国家对教育的日益重视，学校对教育、对教师的管理日益加强，以及自己在教学上的日积月累，近十年来我对教育教学又有了一些新的想法。

年轻时我最注重的是学生的成绩，为了让学生取得好成绩，除了课堂上的练、课后的作业，课余我还不辞劳苦地对学困生进行帮扶、对学优生进行培优训练，十年如一日。学生在这样的反复训练下，学习成绩确实很拔尖，但这种出成绩的方式十分耗时，是典型的用时间换分数，况且这种方式只在初中容易出成绩，到高中就不管用了。很多时候，我在教学中并没有完全考虑学生是否真的懂，只是一味地灌输知识。

改变要从课堂开始。适逢我兼任街道的数学教研员，因为工作的缘故，我听了大量的课，进一步认识到教师在课堂上不能只做知识的搬运工、传授者，更不能让学生永远只做课堂上的听众。我们要让学生参与课堂教学，听到不同学生的声音，哪怕这些声音可能是错的，最起码我们知道了学生是如何看待某个问题以及如何思考问题的。了解了学生思维的轨迹，教师需要做的就是引导学生的思维走向正确的方向，甚至是更远方。

此时，课堂里的"让教"应运而生。所谓"让教"，就是要改变教师的

"一言堂"，让教师与学生共享对知识来源的探究、学习中出现的问题、学生学习过程中的生成等，让学生去解决问题，并把解决的方案分享给大家。要通过这种"让教"，学生在"教"与"学"的过程中碰撞出思维的火花，实现对知识的深度理解。

在不断的尝试和改进中，改变是明显的，学生一改以往课堂上除了听就是练的学习模式。以往的课堂气氛沉闷且压抑，学生身在课堂心在外。通过"让教"，学生开始有了"话语权"，从尝试把自己的想法说出来，到勇于到讲台上展现自己的想法，再到主动承担一些能完成的教学任务；课堂的气氛也不再沉闷，不再只有一种声音了。"让教"改变的不仅仅是课堂的气氛，更多的是学生的心态，他们变得有勇气、自信，喜爱数学、理解数学。当我二十几年的教学生涯中习以为常的解法、讲法被学生逐一被推翻时，我惊讶于学生的奇思妙想，感叹学生的不同凡响。通过"让教"，我了解了学生的思维发展曲线，不再痴迷于课堂上自弹自奏、自我欣赏的"脱口秀"。十年的坚持，班级的成绩没有下降，但学生的精神面貌发生了很大的改变。很多毕业后再相聚的学生谈及初中生涯难忘的事时，常提到当时自己由"被迫"到"主动"上台讲解题目、勇于回答问题的情景，不少学生都感叹当时上台的展示对日后的学习、工作有很大的帮助和启发。因此，谨以此书将我一路坚持的做法做一个记述。

在本书中，我从心理学、教育学等角度阐述了"让教"在课堂上的必要性，通过真实案例解读，深入剖析"什么是'让教'""让教在课堂上的效果如何""让教对学生的影响有多大"。本书分为五章，前三章紧紧围绕着"让教"在不同的课堂中是如何发生的进行阐述，通过案例的剖析、教学设计的解读让读者更容易理解和操作，后两章介绍了"让教"课堂的一些教学设计和案例实录。

本书在编写时参考了大量相关著作和论文，在此对本书所参考的文献的作者表示衷心的感谢！

学术有争论，本书中难免存在不足，恳请读者批评指正，期待与读者做进一步交流。

目 录
CONTENTS

第三章
课堂"让教"的几个误区

第四章
"让教"课堂的教学设计

第五章
教学设计案例

第 一 章

"教"是最好的学

巴西教育家弗莱雷曾说："通过对话，学生的教师和教师的学生等字眼不复存在，取而代之的是新的术语：教师式学生及学生式教师。"新课程改革的实施顺应了时代的要求，汲取了人本主义教育、民主教育、公平教育、主体性教育、个性发展等理念。全面实施素质教育已是当前教育改革的主旋律，而数学教学的改革又是中小学教学改革的重中之重。目前，培养学生创新能力、全面提高学生素质已成为所有教育工作者的共识。数学教学的课堂改革要求从以教师为中心转变为以学生为中心，树立为学生今后发展而服务的教学理念，这些都对教师的工作提出了新的挑战。

《学会生存：教育世界的今天和明天》一书曾指出："未来社会的文盲将不再是不识字的人，而是没有学会学习的人。"随着科技进步突飞猛进，社会发展日新月异，新思想、新方法、新技术层出不穷，人们要想在激烈的竞争中立于不败之地，唯一的办法就是学会适应、学会学习。

如何学会学习？难道只是被动接受外来给予的知识吗？被动地接受知识当然也是学习的一种办法，但如果只是接收了知识而不进行消化，最终我们会无法学以致用，我们所学的知识也无法转化为服务于生活的工具，只能成为我们脑海里的匆匆过客——今天学了明天忘。造成知识成为过客的原因是，我们并不了解知识。我们只记住了知识浅显的表面，而对于它的内涵、本质、根源一无所知。艾宾浩斯在关于记忆的实验中发现：记住 12 个无意义音节，平均需要重复 16.5 次；记住 36 个无意义音节，需重复 54 次；而记忆六首诗中的 480 个音节，平均只需要重复 8 次。这个实验告诉我们，比较容易记忆的是那些有意义的材料，而那些无意义的材料在记忆的时候比较费力，在以后回忆时也不轻松。

音节是这样，数学也如此。凡是理解了的知识，都能记得迅速、全面而牢固。而对于一知半解或根本不懂的知识，先不去谈论能不能记得住，就算是记住了，对于如何去应用也无从下手。那么，我们怎么样才能判断学生听懂了，乃至会做了呢？最好的办法无疑是让学生在课堂上说出来，说给老师听，说给同学听，甚至在家说给父母听。曾有位中考第一名的学生，她的父母居然目不识丁。当别人问她的父母是如何培养出这么优秀的孩子时，她的父母腼腆地说："我们也不会其他的方法，由于我们不认识字，小学时就让孩子把每一次做的作业讲给我们听，尝试把我们教会。久而久之，我们对孩子的学习有了一些了解，尽管到现在能弄懂的还不是很多，但小学六年下来每道题都这样讲，孩子的思路自然而然就更清晰了。"尽管到现在这对父母可能都不太清楚自己采取了什么样的教育方法，也不清楚这样的教育方法会起到什么样的作用，甚至他们可能只是觉得能看到孩子在学习而不是开小差就足够了，但他们在无形中让孩子去说数学，让孩子把思路重组了一遍，其实这与我们所说的"让教"有异曲同工之妙。中国首位女宇航员刘洋在回忆中学生活时也说："给同学们讲题，就等于我又复习了一遍。"

"教"是最好的学。长期以来，我们所采用的都是师教，老师在认真、细心地讲，学生需要做的是仔细做好笔记并听讲。一直以来，课堂教学都是教师主导着整节课，从教学的设计、知识的传授到题目的训练都是教师一手包办，而学生在被动地接受着教师所做的一切努力。学生对知识的掌握情况如何我们并不能当场得知，等测验时才能了解，然而那时，学生不懂的知识已积累了一大堆。其实，除了师教，我们可以考虑在课堂上进行生教。生教虽然没有师教那么娴熟，质量也没有可比性，但生教是学生自己的声音，通过学生的声音我们能了解学生的学习、思维方式等各种情况，因此在师教与生教之间，将生教置于优先考虑的地位——"让教"优先，则理所当然。

第一节 "让教"对思维发展的作用

🔖 内容导读

《义务教育数学课程标准（2011年版）》（以下简称《数学课程标准》）指出："学生是学习的主体，教师是学习的组织者、引导者与合作者。"作为教师，我们要及时更新观念，转变和创新角色定位，倡导民主平等的师生关系，建立共识、共商、共享的学习共同体。既然"教"是最好的学，那么，在师教与生教之间，就应该尽可能将生教置于优先考虑的地位——"让教"优先。教师角色的转变是实现课程改革的重点。

"让教"的表现形式有很多种，首先需要让学生展示学习的成果，这是一种最直观的结果性展示。这种展示不是无声的演示，不是简单地核对答案，而是需要学生把自己对概念、知识、练习等的理解说出来。在此过程中，学生除了要领会一般的自然语言，还需要逐步了解和掌握数学语言独有的特点，借助它正确而敏捷地思考。

语言是思维的外壳，数学思维活动作为思维的实现是离不开数学语言的。数学语言把数学思维的结果用词、符号及语句表达出来。没有数学语言，思维也就不存在了。①

叶圣陶先生说："只有做学生的学生才能做学生的先生。"我对这句话的理解是：只有向学生学习才能去理解学生，换位思考才能知道学生的想法；学生

---

① 郑年春，史天勤，肖强烈. 数学思维方法［M］. 大连：大连海运学院出版社，1990.

也有很多长处和特点，向他们学习才能丰富自己的知识。这和章建跃教授所说的"理解学生、理解课堂、理解教材"在本质上是一致的。而向学生学习最直接的方法就是"让教"。在我们的课堂中，很多时候，不是我们的学生不能教，而是教师不放心、不放手让学生来教。一是觉得学生教不好，二是觉得让学生教会浪费很多时间，最终自己还要再讲一遍。同时教师没有教会学生如何去"教"，但又有哪位学生生来就会教、就会在课堂上讲呢？因为教师不放心在课堂里"让教"，不舍得把课堂宝贵的时间让给学生，长此以往，学生就逐渐失去了"教"的愿望，课堂里学生只会坐着安静地听，无论教师如何抱怨学生的安静，如何抱怨学生的不配合，学生都只是端坐其中，用孟子的话说就是"不为也，非不能也"。

我们发现，纵使一些学生的解题能力不错，但当让这些学生在黑板上展示自己为何要这样解或者讲给其他同学听时，很多学生并不能顺利地把所解题目的逻辑关系、问题联系说清楚，甚至会把简单的问题讲得很复杂，让听的学生感觉在云里雾里。实际上，这些学生并没弄清楚概念、逻辑关系、数理关系，属于一种机械化的解题，即会解但不知道解的原理，而"让教"就是旨在解决这类问题的教学模式。

"让教"就是与学生共享课堂时间，教师通过共享课堂上的部分时间，让学生说出对数学的理解、展示学习的成果。通过学生的说和展示，教师能清楚了解学生的学习状况，既能让学生在课堂上展示自己对数学、对问题的理解，又能锻炼学生的勇气和自信。通过课堂里的这种"让教"，学生不但会做题，更会说题，并把解题过程从简单机械的题目加工变为条理清晰的题目重组。通过展示，教师能够了解学生在学习知识时发生的一些心理变化，而这种心理变化可能会演变为旧知识与新知识的冲突；通过了解，教师能更好地利用这种变化随时调节课堂的进度或难度，而这些都需要教师大胆地将部分教学时间"让"给学生。

因此，我们必须树立新的理念：比"教学生学"更重要的是"教学生教"。而要实现从"教学生教"到"学生能教"，再到"学生会教"，教师首先要做的是"让教"，只有"让教"，学生才有机会说出自己的想法，教师才能从学生的"教"

知道学生的不同想法，了解学生对知识的掌握情况。因此，课堂上我们要坚持学生能讲的我们不包办，遇到学生讲解有困难的可以引导学生从某个角度尝试或与学生一起探讨，或引导学生想问题、讲问题，从而提升学生解决问题的能力。

一、"让教"能让教师更好地掌握学生学的情况

无论采取何种教学手段，了解学生学得如何，掌握的程度如何，都是教学的重点。"满堂灌"和"一言堂"只能让教师完成教学任务，但显然无法让教师了解学生的学习状况。有经验的教师会通过课后小测验了解学生的学习状况，但这也只是在课后，即便教师发现了问题，也只有等到下一节课再去补救。但在"让教"过程中，教师通过和学生的对话，通过让学生去教、去讲，就可以判断学生的学习情况。

每一节课前教师都会备课，事实上很多教师执着于预设的课堂，认为按照备课的设计讲完就算完成了任务。但教师能从始至终依照预设的课堂去操作吗？如果发现学生掌握的情况跟我们的预设有出入，我们应当调整课堂的教学策略、教学节奏甚至教学内容。我们需要了解学生的错甚至把学生的错当作一种资源去利用。英国心理学家贝恩布里奇说："差错人皆有之，作为教师，对学生的错误不加以利用是不可原谅的。"因此在教学过程中，教师不要认为预设好了教学内容就一定要把它讲完，这样换来的结果可能是学生并没有完全听懂；在"让教"的过程中如果学生答错了不要为了赶进度而应付，否则，学生的错就会日积月累、不断出现。而为了补救，教师在后期就拼命补充、讲解或者刷题。但是，不管教师后期如何反复补充，效果也会大打折扣。

实际上，在教学活动中，不要说利用学生的错，很多教师可能连学生的错都无法发现。试想，课堂上教师不断地讲，而学生只是默默地听，没有任何机会发表自己的看法，教师又如何知道学生的学习情况呢？因此，教师必须给学生时间让学生说出来、做出来、讲出来，而判断、了解、掌握学生对知识掌握到何种程度的方法之一就是在课堂里"让教"。由此，"让教"就应运而生了。

《数学课程标准》明确指出："创造性地使用教材，积极开发、利用各种教

学资源，为学生提供丰富多彩的学习素材；关注学生的个体差异，有效地实施有差异的教学，使每个学生都得到充分的发展。"学生难免会犯错，教师发现后，不要害怕学生犯错，更不要不耐烦地对待学生的错，要多加包容，在课堂上做到"容错—纠错—用错"。莎士比亚说过："最好的人，都是犯过错误过来的人，一个人往往因为有一点小小的缺点，将来会变得更好。"课堂里的错，对于学生，是一个很好的锻炼机会；对于教师，也是一种可以利用、开发的资源。"让教"不但能变错为宝，还能激起学生积极主动探索新知识的兴趣，从而加深学生对易错知识的理解和掌握。因此，教师在课堂上要大胆"让教"，让学生的错暴露出来，再纠正学生的错。我们来看几个简单的案例。

【案例1】

师：还记得什么是三角形的外角吗？

生1：记得，就是三角形外面的角。

师：是外面的角吗？哪名同学记得？

生2（来到黑板上画了一个外角）：这就是外角。

师：记住啊！像这种角就称为外角。

【案例2】

师：绝对值大家还有印象吗？负数的绝对值是什么？

生1：负数的绝对值是正数。

师：是正数吗？那正数的绝对值呢？

生1：正数的绝对值好像也是正数。

生2：负数的绝对值应该是它的相反数吧！

师：没错！不要记错了。

【案例3】

师：方程算到最后一步为 $3x=9$，系数化为1，答案为……

生1：答案是 $\dfrac{1}{3}$。

师（惊讶）：是 $\dfrac{1}{3}$ 吗？

生2（有人补充）：是3。

师：这么简单，可千万别算错啊！

上述三个案例中的情况，很多教师上课时都遇到过，这样的错是学生经常犯的。对于这种错，很多教师就和上述三个案例中的教师一样，不断强调："记住了，别记错了……"事实上，真的是学生记不住吗？其实"记不住"的背后就是没有理解。通过这样的提问，教师其实已经知晓了学生会犯这种错（甚至不是个案），可惜的是教师认为这是个案又或者认为时间紧，往往一带而过，错失了一个很好的就错论错的机会。对于课堂里遇到的这种错，我是这样处理的。

【案例4】

师：哪名同学来告诉我什么是三角形的外角？

生1：外角就是三角形外面的角。

师：外面的角？既然是外面的角，那就和这个三角形没有关系喽！

生1：有关系的！我的表达有点不对，应该是和三角形相邻的角……

师：相邻的？（教师在黑板上画了一个和三角形相邻但不是外角的角让学生判断）是这样吗？

生2：不是这样，外角是相对三角形内角而言的，要和内角的两条边有关……

师：不错，能把概念再完善一下吗？请同学们在草稿纸上画出一个外角，并把完善出来的概念在小组里复述一遍……

【案例5】

师：还记得绝对值吗？负数的绝对值是什么？

生1：负数的绝对值是正数。

师：是正数？（在黑板上写了一个 $|-3|=5$ 的式子）对吗？

生2：不对，应该是等于3。

师：但那名同学说是正数，5不是正数吗？

生2：他的回答有错，应该是它的相反数，也就是 $|-3|=-(-3)=3$，这样才对，所以这里不应该用正数表述，正数的范围太大，指向不明确。

师：非常好，如果它不是具体数字，又该怎样表示呢？下面同学们用草稿纸写出来并拍照上传……

7

【案例6】

师：方程算到最后一步为 $3x=9$，系数化为1，答案为……

生1：答案是 $\frac{1}{3}$。

师（望着生1）：你有办法判断 $\frac{1}{3}$ 是否正确吗？

生1：有的，只要把它代进去就可以了，我试试……老师，我可能算错了（懊恼）。

师：如果错了，那答案应该是多少？

生1：应该是3。

师：你为何会把答案写成 $\frac{1}{3}$ 呢？

生2（抢答）：他用的是除而不是除以。

师：把系数化为1，最好的办法应该是什么？

生3：用乘法，两边同时乘以系数的倒数。

"让教"意图：对于学生犯的错教师并没有"一说而过"或者把它看成学生记错了，因为这极可能是不少学生的错，记错的深层原因可能就是对概念的不理解。这时教师没有因为急着赶教学进度而对出现的问题置之不理。这种错误如果作为一种宝贵的资源加以利用，把它上升为问题去研讨，让更多的学生能够理解，那这种错犯得"正当时"。如果是大部分学生的错，则应纠正好答案后让学生在小组内讲给小组成员听，以达到大部分学生能掌握的程度。

"花未全开月未圆"，老子说"大成若缺"，有"缺"的课堂才是可以思考、成长的课堂，我们只有把时间还给学生，让学生说出来，才能知道他们有所"缺"。"缺"不要紧，重要的是如何帮学生补上它以及怎样补。或许这也应了周彬教授的话："要知道学生是否真的听懂了，最简单的办法就是让学生对其他同学再讲一遍。如果把这个知识点讲通了，那就证明学生懂了；如果把原来懂了的同学讲糊涂了，就证明学生离懂了还有距离。"

二、"让教"能最大限度地培养学生的交流能力

当今社会的发展越来越迅速，随着国家对教育的重视，国民的文化程度越

来越高。在古代，由于教育的不普及，受教育的人非常少，一个稍有点文化的人，就算隐居深山老林，都会有很多人知晓，即所谓的"酒香不怕巷子深"。但在当今社会，人际交往越来越频繁，一纸文凭还不足以体现一个人的能力，这时候口才就越发显出它的重要性。良好的口才不仅是滔滔不绝，还要言之有理、言之有据。在每年的教师招聘中都能看到，有些人不善言辞，自我介绍三分钟时间，一分钟就讲完，剩下两分钟不知所措，而这些不足仅仅用"紧张"二字是无法掩盖的。可以这么说，现代社会处处都用得着口才，口才是人一辈子要用的能力。美国成功学大师卡耐基也说过："一个人的成功，15%是靠他的专业知识、技能，85%却要靠人际交往、有效说话等软本领。"

我听过很多公开课，很多教师对学生的口才和数学语言并不重视，认为把知识教给学生就算完成了任务，学生会解题就算是学好了数学，至于学生口才的好坏、是否会表达，那并不是数学教师关心的问题。但当今的课堂，合作交流、倾听教育、自我表达是学习数学的重要方式，让学生有效地表达自己的看法和见解、分享自己的经验、倾听他人的意见，对数学学习至关重要。因此，如何培养学生的交流能力，成为初中数学课的一个重要任务，而课堂里的"让教"可以满足学生的交流需求。

我们的数学课堂应该成为教师和学生共同学习、相互对话的课堂，而我们通过课堂的"让教"可以达成这一目标。那在课堂里进行"让教"需要注意哪几个方面才能更有效地培养学生的交流能力，甚至能够锻炼学生的口才呢？

1. 教师的数学语言要规范、严谨

我们要在让学生敢讲、能讲、准确讲的同时，首先要求自己的数学语言标准、规范和严谨。只有教师语言标准了，在课堂里时时注意语言的规范性，甚至做到咬文嚼字，学生才会和教师一样注重文字的理解。

【案例7】

在讲无理数的概念时，第一步要突出定义中的"小数"一词，说明不是小数就不可能是无理数，从而说明整数与分数不是无理数；第二步是突出无限，否定有限，即说明有限小数不是无理数；第三步要说明如果仅是无限小数还不一定是无理数，无限不循环小数才是无理数，以突出"不循环"一词；第四步说明无理数不是构造没有规律的数，如课本中的0.232332333…（两个2之间依次多一个3）因为不构成循环节，且无限，所以是无理数，但其构造是有规律的。这样通过否定"整数""分数""有限""循环""无规律"这些词，逐步缩小了概念的外延，突出"小数""无限""不循环"等词的意义，学生就很容易理解无理数的概念了。

【案例8】

师：这些黑板上贴出来的作品，你能不能根据角、形成的角、两条直线相交形成的角，将它们进行分类？可以吗？开始……

师：你能说说分类的理由吗？

生1：我先把四个角都相等，两条线相交，形成十字形的分在一起，然后……

师：哦，是十字形（手指十字形的图），它们形成的角有什么特点？

生1：四个角都是相等的。

师："垂足是交点"这句话对吗？谁来说说？

生2：因为能形成垂足，一定是两条直线的交点，所以垂足一定是交点。

师：因为两条直线有交点，我们才能称之为垂足，所以这个垂足肯定是两条直线的……

生（齐）：交点。

从案例8来看，教师在讲课时经常用习惯用语，这其中以新教师居多。我们在日常的听课、调研过程中发现，很多有几十年经验的老教师的数学语言也非常随意，说明教师表达不清晰导致的数学味不够浓的现象还是很多的。

在案例8中，加上着重号的语句的表述显得不够严谨。"你能不能根据角、形成的角、两条直线相交形成的角，将它们进行分类？"原本很短的一个问题，但教师把它分成了三句话，这样就很容易造成学生的困惑：老师问的问题会是哪一个呢？在课堂中，教师对两处学生表达不是很完整的话——"两条线"和"形成十字形"也没有给予正面的纠正性回应。因此在课后的小测中"垂足是什么"，很多学生就回答"两条线"。

在关于"垂足问题"的师生对话中，当学生错误回答"垂足是两条直线的交点"时，教师不但没有指出其错误，还通过重复其说法强化了这一错误，做出了"因为两条直线有交点，我们才能称为垂足"的错误回应，这说明教师自身的数学语言表达是很不精准的，其致命的错误在于忽视了"垂足"这一概念是针对"互相垂直的两条直线"而言的。同样的问题我在其他教师的课堂上也遇到过，我发现不同的教师对数学语言的锤炼有很大的区别。

有经验教师的课堂对话：

生：因为这两条直线不但相交了，而且形成了一个直角，所以这两条直线互相垂直。

师：老师发现她的话语中有一个小问题，她说这两条直线相交形成了一个直角，有没有必要说一个直角？其实只要说形成什么？

生：直角。

师：如果相交一个的角是直角，那另外三个角也一定是直角。所以只要说相交成直角即可。

骨干教师的课堂对话：

师：你能否说一下为什么这样分类？

生：上面单独分出来的那一张，它是由四个直角组成的，而下面的四张都是由一些不规则的角组成的。

师：不规则的角，有没有同学要补充？

生（思考中）：……

师：那么刚才所说的不规则的角，怎样讲更加贴切？

生：不是直角的角。

比较上述两个实例发现，有经验的教师和骨干教师的数学语言表达都比较准确，且他们都能及时、敏锐地察觉学生数学语言表达中的错误或不准确的地方，并给予纠正，但两者在纠正中还是存在差异的。

有经验的教师在倾听学生表达时，能敏锐地抓住这个学生表达不够准确的地方——"形成了一个直角"，并以"有没有必要说一个直角"这一追问引起学生的共同关注，随后又以自己的解释和陈述纠正了学生的语言表达，这一特征在诸多有经验教师的课堂中均可遇到。也就是说，有经验的教师能及时捕捉学生表达中的细微差错，并通过自我陈述和解说来纠正这一差错。

而骨干教师也能及时察觉学生数学语言表达中的不准确之处，但更倾向于鼓励其他学生去发现和纠正这一错误，而不是自己澄清。例子中教师对学生"不规则的角"这样的数学表达及时提出反问，并以"有没有同学要补充"提醒其他学生去发现和纠正，之后又以"怎样讲更加贴切"引导其他学生去纠正这个不够准确的数学语言表达。这种纠正差错的方式有利于培养学生善于观察和发现的好习惯。正如该教师在课后所言："平时的教学中，我会故意出错，让学生去发现，有时学生能主动指出错误陷阱。当学生发现不了时，我会提醒他们去寻找错误，以此来培养学生仔细观察和主动质疑的习惯。"①

在教学过程中，准确无误的数学语言会让人感觉课堂数学味十足，教师准确严谨的数学语言也能给予学生一种享受。学生数学语言表达能力的培养不是一朝一夕的事，它需要落实在每节课的教学中，进而让学生在学习过程中敢于提出问题，发表与众不同的见解，善于与同伴交流，有条理地阐述自己的解题思路。相信在这种氛围的长期熏陶下，学生在表达中自然能够收获自信、收获智慧。

2. 让学生把数学大胆说出来

说，就是用话把自己的意思表达出来。稍稍留意我们就能发现一个很有意思的现象：长期以来，我们的课堂教学都注重学生的书面表达而忽视了学生的口头表达。因此，我们会发现，小学课堂异常活跃，一有问题，学生纷纷举手，生怕老师不叫自己来回答，勇于表现自己的行为展露无遗，这时的学生对于回答是对还是错并不在意；但到了初中，学生则表现得沉默了很多，很少出现小学那样的现象；到了高中，课堂里只能看到教师讲学生听，当教师有问题问学生时，学生纷纷眼神逃避。这只是年龄逐渐增长造成的吗？我想这也和我们的课堂教学方式有一定的关系—— 一段时间以来，"安静地听、认真地记笔记"是评价课堂好坏的重要标准。在这样的标准之下，学生越来越不喜欢出声了，要想了解学生是否听得懂、是否掌握了，教师只能依靠测验这一手段。实际上，

---

① 刘兰英. 数学课堂对话分析［M］. 上海：上海教育出版社，2014.

教师在课堂上可以让学生把对知识的理解说出来，对的给予鼓励，错的给予纠正。

爱因斯坦曾说："一个人的智力发展和他形成概念的方法，在很大程度上是取决于语言的。"美国学者埃德加·戴尔提出了著名的"学习金字塔"理论，指出不同的学习方法达到的学习效果不同，知识存留从5%到90%不等，如视听结合，知识仅存留20%；向别人讲授，相互教，快速使用，知识存留可达到90%。"说"有这么多的好处，所以我们的课堂理应创造更多的机会让学生去说。

（1）在模仿中把数学说出来

教师的数学语言直接影响学生的数学语言，特别是初一刚入学的学生，由于年龄较小，几何逻辑思维还没有形成，当他们做几何题时，答案就写得特别简单。

己知：线段 AB 中，$AB = 10$，$BP = 3$，D 是线段 AP 的中点，求 DP 的长度（图 1-1-1）.

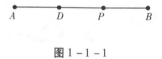

图 1-1-1

很多学生直接写成 $10 - 3 = 7$，$7 \div 2 = 3.5$，所以 DP 等于3.5。学生之所以这样写，就是因为还没有掌握几何的逻辑思维。因此，我在课堂上先把这道题的每一处字母表述出来，把数字的来源表述出来，然后让每个学生在小组里仿照我的表述，试着把意思说出来。

生：AB 是10，BP 是3，$10 - 3$ 就表示 $AB - BP$，所以 $AB - BP = AP$，所以 AP 等于7。

生：D 是 AP 的中点，所以 DP 等于 $7 \div 2 = 3.5$。

师：你能把字母连同数字一起用数学语言、符号表示出来吗？

生：$AB = 10$，$BP = 3$，因为 $AB - BP = AP = 10 - 3 = 7$，又因为 D 是 AP 中点，所以 $DP = AP \div 2 = 7 \div 2 = 3.5$，所以 $DP = 3.5$。

从上述"让教"可以看出，尽管学生最后的书写还是不够严谨，但考虑到他们刚上初中，对几何的表述、理解、思考尚存在较大的偏差，纵然可以解答出一些几何题，但要完整地写出规范的格式仍有一定的难度。尽管教材上没有严格规范七年级学生几何的书写格式，只要求学生用自己的言语表达出来，但学生一直用口语化的格式书写，养成习惯后，再想写出规范的格式就不容易了。因此，在教学中虽然没有要求写出完整、严谨的过程，但要求把每一步用语言表述出来，并尽可能用数学语言写出来，这样做，既可以培养学生思维的严谨性，又确保了过程的完整性。

（2）搭建平台把数学说出来

课堂教学作为一个特定的教育场景，师生间、生生间享有平等的话语权，是教育交流的育人模式，我们的教学应遵从"因材施教，启发交流"的原则。①数学家波利亚指出："拿一个有意义但又不复杂的题目，去帮助学生发掘问题的各个方面，使得通过这道题就像通过一道门户，把学生引入一个完善的数学领域。"学生普遍比较内敛，如果教师从头讲到尾，那学生愿意配合教师讲的概率就更小了。为此，教师应该在课堂中搭建平台、创建机会，让学生把理解到的知识说出来。

平台的搭建既可以利用课前，也可以利用课堂中的一些"小意外""小生成"，"让教"于学生，让学生在"小意外"和"小生成"中得以成长。

【案例9】

从一个七边形的某个顶点出发，分别连接这个点与其余各个顶点，可把七边形分割成_____个三角形。

师：哪名同学可以上来讲讲对这道题的理解？

生1：老师，我觉得这道题可以这样做，像图1-1-2那样把相邻各点连起来就可以数出有多少个三角形了。

---

① 韩云桥. 数学课堂"说数学"：教与思［M］. 广州：华南理工大学出版社，2016.

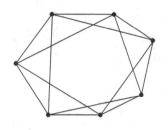

图 1 - 1 - 2

师：那你一共数出多少个三角形呢？

生2：老师！这样画很难数出来，我觉得他的理解不对。

师：那你是怎样理解的呢？

生2：我们看题目。它说"从一个七边形的某个顶点出发，分别连接这个点与其余各个顶点"，也就是从任意一个点出发向其他点连线。

师：嗯！这名同学审题审得很好，理解了从一个顶点出发，那你上来画画图吧！

生2：画出来就是图 1 - 1 - 3，然后数出有 5 个三角形。

图 1 - 1 - 3

生3（抢着举手）：老师，我觉得他画的不是很对，应该还漏了两条。

师：这名同学上来补充一下吧！

生3：我觉得应该这样画。（图 1 - 1 - 4）

图 1-1-4

师：同学们对这两种画法有其他看法或意见吗？

生2：我觉得不是很对，因为他画的是两条曲线，应该是线段才对。

生4：但题目没有说只能画直线，曲线也可以啊！

师（学生产生争议了，教师此时需要介入）：很感谢几名同学跟我们分享了自己的想法，现在的焦点是连起来的是曲线还是直线。我们在小学学过两点的连线是线段，而且只有一条线段，哪里连接的是曲线，曲线和线段能组成三角形吗？

生1：不能，小学学过，三角形是三条线段首尾顺次相连的图形，没有说是曲线，所以不能连曲线。

师：非常好！这名同学对数学概念的理解非常到位，所以第三名同学的连法是有误的！但这名同学能把自己的想法说出来，非常了不起。

师：除了这种连法，我们还能想到其他的方法吗？大家可以讨论一下。

（几分钟后）

生2：老师，我还有一种连法。

生2：我们可以通过总结连接三角形、四边形、五边形……（图1-1-5）某个顶点与其他各点组成三角形个数的规律，按题目的条件要求，观察得到图1-1-6的式子，可以得到 7-2=5，所以有5个三角形。

（生2讲完后教室里响起热烈的掌声）

师：这种方法非常好，利用了"从特殊到一般"的找规律的方法，特别是当题目中多边形边数比较多，通过画图比较难以完成的时候，利用这种找规律的方法能较快地完成。

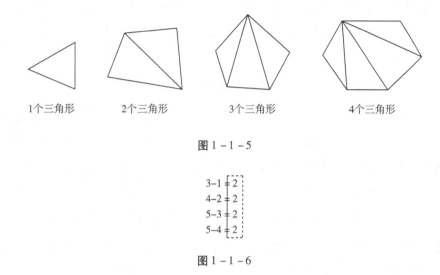

1个三角形　　2个三角形　　3个三角形　　4个三角形

图 1 - 1 - 5

$$3-1=2$$
$$4-2=2$$
$$5-3=2$$
$$5-4=2$$

图 1 - 1 - 6

"让教"意图：这是一个教学"小意外"，教学过程中，如果教师直接讲答案，相信就没有了之后学生的精彩回答。课堂里，教师无法包办学生的所有想法，教师认为正确的、标准的、快速的方法有时并不一定被学生认可或接受，只有充分发挥学生的思维，让学生大胆地去教，把时间留给学生，教师才会发现更多奇思妙想。这样，课堂会变得更精彩、更丰富。

三、"让教"能提升学生的自信心

《数学课程标准》中提到，学生数学学习的情感态度目标之一是"在数学学习过程中，体验获得成功的乐趣，锻炼克服困难的意志，建立自信心"。爱默生曾经说过："自信是成功的第一秘诀。"自信心是一个人对自己取得成就的主观信念。曾有心理学家对上千名天才学生进行追踪研究，15 年后对其中取得大成就者和无大成就者进行比较，发现他们的明显差异就在于是否拥有自信心。教学实践告诉我们，学生在学习过程中总是受过去学习成败体验的影响，学习越成功，他们学习的自信心就越强，可见自信心对一个人的影响很大。

为什么同样的内容，不同的教师教学，会造就学生不同的自信心呢？原因固然是复杂的，但课堂里教师有无"让教"也是其中的原因之一！教育不应该是冷冰冰的，而应该是有一定温度的。教育也不应该是高高在上的。作为教师，我们是知识的传授者，更应该是人类灵魂的工程师。课堂不应该是教师独享的"发布会"，也不应该由学优生独享"聚光灯"，而应该成为全体学生畅所欲言的场所。

美国教育家格拉塞指出："传统教育给了学生太多的失败，这种失败导致学生无法获得自我价值感，导致学生失去学习信心。"我们的课堂不能把每个人都教育成才，但我们的课堂应该给每个学生平等的机会让他们去发表他们的观点，培养出属于他们自己的自信。通过"让教"，我们给予每个学生机会，有效地培养每一个学生的自信心。

课堂上如何才能提升学生的自信心呢？只靠教师的表扬其实还不够，马斯洛需求层次理论告诉我们，自我价值的实现是最高层次的需要，因而我们可以从多方面提升学生的自信心。

1. 理解教材编写意图

查看北师大版和人教版七年级上册教材可以发现，北师大版把《丰富的图形世界》这一章放在了初中入学的第一章，而人教版却把《几何图形初步》放在了七年级上册的最后一章。很多教师并不能很好地把握这一章在教材中的地位以及作用，因此也往往不重视这一章。他们认为这一章的知识点考试考得不多，也容易被学生掌握，甚至很多学校七年级直接先讲有理数及其运算，到期末的时候才补讲这一章。实际上，这种做法说明教师没有理解这一章在整个七年级的作用。在《数学课程标准》中就明确要求学生"经历图形的抽象、分类、性质探讨、运动、位置确定等过程，掌握图形与几何的基础知识和基本技能""通过实物和具体模型，了解从物体抽象出来的几何体、平面、直线和点等"。七年级的学生刚从小学升入初中，小学的知识更多的是以数的运算、直观图形为主，但我们生活在一个三维空间中，周围大量存在的是空间图形，因此图形与几何知识的学习将使学生更好地适应生活空间，而本章正是小学数学向初中数学过渡的一个章节。通过本章的学习，学生能较好地认识图形、发展空间观念——这是图形与几何学习的核心目标——进而能由实物的形状想象出几何图形，由几何图形想象出实物的形状，进行几何体与其三视图、展开图之间的转化。

北师大版教材中，本章设计了4节内容，第1节"生活中的立体图形"是从实物抽象出简单的几何图形，并归纳出点、线、面之间的关系；第2节"展开与折叠"是由立体到平面，再由平面到立体，让学生领会立体和平面之间的转换过程；第3节"截一个几何体"是通过面和线之间的关系截出不同的形状；第4节"从三个方向看物体的形状"是从不同的方向去观察几何体的形状并动手画出来。从教材的编排来看，学生通过观察、操作、想象、推理、交流等大量的数学活动逐步形成自己对图形与几何的认识。因此，我们确定本章的教学采用"动手操作、合作交流、学生主导"的策略。

2. 强调学生的动手实践和主动参与

这章为何要让学生主动参与呢？如果仅仅通过教师的讲解，学生学习过后的遗忘率非常高，只有让学生主动参与进来，感受立体图形的奥妙以及立体图形和平面图形之间的转换，才能让学生理解得更深刻，才能更好地揭露点、线、面之间的关系。

课前准备：让全班学生准备好若干个用马铃薯（或萝卜等）切好的正方体、圆柱等立方体以及一把小刀。

问题1：观察画面中的物体截面（图1-1-7），是什么图形？

在生活中我们常常需要将一个物体截开，如切西瓜、锯木头等。

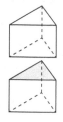

图1-1-7

"让教"意图：直接用课本的情境引入，目的是让学生直观得到截面的概念，把数学与生活联系起来，感受研究截面的实际价值。

师生活动：让水平不一的学生来回答这个问题，由于问题难度不是很大，学生的自信心得到提升。

追问一：生活中还能见到哪些立体图形的截面？

设计意图：通过这个追问，学生能把生活中的物体转化为数学中的立体图形。由于学生生活中并不能经常见到截面，追问可以提升学生的想象力并促使其养成发现问题的习惯，同时把时间、机会交给学生，达到"让教"的目的。

问题2：切一个正方体的横截面会得到什么样的形状？（思考—合作—回答）

设计意图：教师并没有马上让学生去切，而是让学生通过对正方体的观察—想象—思索—合作—判断—确定得出结论，这样的教学行为符合"三思而后行"。直接去切必然会有盲目性，也会造成场面热闹、效果不好的结果。

问题3：如何去切才能切出三角形、四边形？

设计意图：尽管本节课的意图并非让学生把所有的截面如何切都说出来，因为这超出了学生对几何体的认知，也可能会打击学生的积极性，但由于三角形和四边形比较常见，学生也容易说出来。

师生活动：得出结论，截面只经过正方体的三个顶点或只与三个面相交就可以得到三角形。

问题4：全班同学动手切出了三角形和四边形，切出的三角形或四边形的形状是一样的吗？

设计意图：比较学生所切的截面形状，让学生感受图形的多样性以及方法的不唯一性。这里并不要求问学生为什么，只要连接就好了。

问题5：除了三角形和四边形，还可以切出哪几种图形？如何去切才可以出现那些图形？

设计意图：把问题抛给学生，让学生去思考或合作，再把讨论出来的结果说出来。

问题6：大家尝试切出五边形和六边形（六边形比较难切，要让学生学会先思考再动刀，不要轻易去切）。

问题7：让切出六边形的同学进行展示，并说说是如何切出六边形的，以及要经过哪些面。

设计意图：对于有困难的学生，教师做好点拨，但并不直接告知答案。在学生实在没有办法解决的时候，由已做好的学生来讲一讲思路。由于有了前面失败的教训，对于同学的提示，学生普遍会很容易理解，而这就达到了我们的目的。

问题8：除了正方体，还有其他的立体图形可以切吗？还能切出哪些平面图形？

设计意图：以立方体截面为基础，立足正方体但又不限于正方体，对生活中其他的特殊立体图形（如圆柱、球）进行截面探究以提高学生的理解力。

问题9：通过几何画板演示来观察每个几何体是如何切出截面的。

设计意图：对于现场操作较难的截面，适当使用信息技术。操作实践和现代信息技术相结合能帮助学生理解，纠正上课时切截面过程中所出现的问题。

针对这样的一节操作实践课，教师并没有一带而过，设计的教学顺序是：通过生活中熟悉的具体情境得到截面的概念——一般几何体的截面（先思考再截面）——特殊几何体的截面。学生通过感受图形、思考、理性操作形成对图形和几何的认识。在设计时，教师并未停留在热闹的场面上，而是让学生充分发言、大胆猜测、细心求证，帮助学生进行一定的理性思考，引导学生寻找和发现生活中隐含的一些数学关系。教师在课堂上注重培养学生的空间观念。考虑到学生刚进入初中，对于立体几何和平面几何的逻辑关系的理解有一定的困难，因此对于学生提出的一些疑问（如为何要这样切等）教师并没有让学生过多地去深究。当然，对于一些比较难切出截面的立体图形，教师可以通过现代信息技术手段让学生更好地理解截面的一些特性。这样的课堂，对于提高学生对数学的兴趣、理解，以及促进学生课堂上的积极发言有很大的帮助，课堂上教师通过让学生思考和操作取得截面体验成功对提升学生学习数学的自信心有一定的作用。

当学生真正成为课堂的主人时，其自信心就会大大提高，在这样的环境下产生的自信心，是学生向新的目标、新的成绩前进的动力。随着成绩的取得，学生又会形成一种向更高目标进取的内驱力，从而形成发展进步的良性循环。

第二节　定位准确才有好的"让教"

📖 内容导读

　　定位准确才会有更好的"让教"。定位既需要面向教师也需要面向学生，教师的定位在于怎么"让"、"让"多少；而对于学生，教师则需要知道"让"的时间节点、让的问题难度以及"让"的学生面。只有把这些问题弄清楚了，我们的"让教"才能做到有的放矢，才能让学生在"让教"中学习、在"让教"中成长。

　　"让教"指的是让出部分时间由学生去教，或者称为师生共享教学。但"让教"不等于没有任何针对性地把一些知识点或习题交给学生讲。由于学生个体或群体教他人的主观意愿、客观水平有差异，个别学生能够独当一面、顺利组织，甚至进行整堂课的教学，但更多的学生是达不到这一水平的。这时，教师就应该因材施教，针对不同的学生安排不同的内容进行"让教"。例如，在小组合作展示的"兵教兵"环节中，教师可以对小组长较为精彩的回答进行定格和放大；在小组合作讨论中，教师可以捕捉小组合作中价值较大的展示活动，让小组的展示成果在全班推广，达到向全班辐射的作用，这样展示成果对学生具有较大的锻炼作用。

一、认清学生的认知水平与经验

　　课堂教学是一种师生双边参与的动态变化过程，在课堂上，每一个学生都是一个生动的、独立的个体，他们是主动求知与积极探索的主体。教师是这个变化过程的设计者、组织者、引导者，是为学生服务的。所以教师的课堂教学设计，即教学展开过程中的各个教学环节，必须满足学生的身心发展需求。教师教什么、如何教，需要考虑学生的学习需求、认知规律与学习兴趣，着眼于辅助、激发、促进学生的学习。简单地说，教师要进行学情分析。

学情分析通常称为"教学对象分析"或"学生分析"，是教师为研究学生的实际需要、能力水平和认知倾向，设计教学、优化教学过程，更有效地达成教学目标，提高教学效率。不同学校和班级的学情具有很大的差异，就算教师同时教两个"一样"的班级，其学情也大有不同。著名的特级教师靳家彦说过："顺应学情，是教育的生命线。"教学从字面上看是教学生去学，因此教学活动应关注学生的学习。教师在思考教学的时候要思考学生是怎样学的，把教师的"教"与学生的"学"配合起来。

以往我们对教学的理解着眼于教师的"教"，认为教师的"教"是建立在科学规律或者原则基础之上的。我们看到更多的是教师的身影，学生则隐藏在教师身后，"教"与"学"是独立的。[①] 但实际上，无论我们在课前将"教"预设得多么好，课堂总会出现种种无法预测的局面：有的学生懂了，希望讲下一个知识点，但有的学生却提出预设中所没有的问题。这些都需要在课堂上解决。有时同样的设计在这个班可以，换一个班可能就不行，是因为我们可能忽略了学生生活、学生内心世界的丰富性以及学生与知识、教法的互动。

我们以北师大版教材七年级下册第四章《三角形》第3节《探索三角形全等的条件》这一课为例来说明学情分析在课堂里的重要性。

【案例1】

我们知道要证明两个三角形全等，三个角三条边相等六个条件是肯定可以的，但很显然我们在实际解题问题的过程中不需要六个条件，那么究竟至少需要多少个条件就可以证明三角形全等呢？这需要我们去探索。

探索一：我们可以按照书本，先一个条件，再两个条件、三个条件……逐个去操作、去探索。

---

① 邵燕楠，黄燕宁. 学情分析：教学研究的重要生长点 [J]. 中国教育学刊，2013（2）：60－63.

探索二：我们为何不能先五个条件、四个条件、三个条件……最后为一个条件去探索全等的条件呢？

这两种方法一样吗？很明显，它们有很大的区别。第一种是由简入繁，第二种是由繁入简。由简入繁更多的是体现一种人的基本认知能力，但由繁入简要求的却是学生的综合能力。这两种不同的方法就像华罗庚所说的，我们读书需要由薄读到厚，最后又要由厚读到薄，而由厚读到薄更需要我们有较强的总结、归纳、分析能力。

从上述案例明显看出，传授一个知识点所采用的方法可以是很丰富的，但学生是否能理解却不得而知。在以往的教学中，我们只考虑知识和教法的结合性和有效性，而没有看到学生对知识和教法的反作用，以及学生丰富的生活世界也是有效教学的重要因素。当然我们也要承认，教学从某种程度上来说就是差异教学，教学从来都不要求统一。教学的意义在于对个体的、独特的差异发展起作用。有时候，教育往往是对个体产生意义，而不是对个体所在的集体产生意义。鉴于此，我们更应该提倡课堂里共享教学时间，通过我们的"让教"，让学生个体用已理解的知识对集体产生教化作用；反过来，让集体对个体的教育进行反馈，来判断个体是否已理解。这是我们"让教"的目的，更是课堂教学过程中需要了解学生学情的原因之一。

二、理解教学在课堂中的地位

理解教学，就是要按照教学规律、学生认知规律和知识点的本质属性去设计教学活动。

首先，一项完整的、有效的课堂教学活动不应该是单一的，而应该是复合型的。在教学中，学生的存在先于知识的存在，教学应该围绕着学生，而不仅仅是把教学组织起来。杜郎口中学传统的教学活动主要运用了展示、暴露、合作、自主学习等手段，而其现在的教学则在之前的基础上加入了现代信息技术，采用一些辅助教学手段来强化课堂教学活动。"让教"除了便于教师了解学生的学习状况外，很重要的一点是，教师可以通过了解到的情况对课堂教学做出合适的调整。也就是说，每个阶段所采用的教学活动无不是复合型的教学活动。

其次，教学是动态生成的过程。教学不是按照知识体系预先设计好的、线性的、按部就班的过程，而是随着学生的状态有所调整和变化。叶澜教授指出，在教学过程中，教师不仅要把学生看作教学的对象、学习的主体，还要把学生看作教学资源的重要构成者和生成者。学生在课堂中的状态、兴趣、积极性、注意力、学习方式和思维方式、合作能力、发表的意见和观点、提出的问题、错误的回答等都是教学过程中的生成性资源。①

三、理解"让教"在课堂中所处的地位

前面提到过，课堂需要了解学情和理解教学，教学是一个动态生成的过程，这个动态生成显然由学生来实现。传统教学中，教师讲、学生听是无法得出有效生成的，你问我答式的教学生成同样有限。只有切切实实"让教"于生，学生和学生、学生和教师才会碰撞出新的火花。但"让教"不等同于把教学时间都让给学生，教师只做一个甩手掌柜。教师需要选择适当的内容、适当的时间"让教"。"让教"可以从以下这几个方面入手。

1. 可以从"小让"开始

共享部分课堂时间给学生，需要教师有层次和有策略地"让"，不宜把教学一股脑儿地交给学生，而教师做一个甩手掌柜。学生的教不是一蹴而就的，未经任何训练就让学生走上讲台教师，既是对听课学生的不负责，也极其打击讲课学生的自信心和自尊心。总是遭受挫折、自信心受打击的学生只会越发沉默而远离课堂的讲台，甚至使"让教"起反作用。因此，对刚接手的学生，我们可以从"小让"开始。

"小让"，从字面上就可以理解，对一些不那么难的问题或不那么重要的知识点让学生去讲，也可以从一些细微处着手，在零碎的时间让学生去表达。这样的"让"看起来不太起眼，对整堂课的进度和内容变化可能起不了大的作用，但对学生而言可能就是一种很好的激励，也能对学生的学习起促进、提醒的作用。这种"小让"既可以让学生迅速回到课堂，也可以让学生长期保持边听课边思索

---

① 叶澜. 重建课堂教学过程观——"新基础教育"课堂教学改革的理论与实践探究之二 [J]. 教育研究，2002（10）：24-30，50.

的状态。这样的"小让"于课堂、教师、学生都是有百利而无一害的。

【案例2】

在教学北师大版八年级下册第一章《三角形的证明》第 1 节《等腰三角形》的时候，要证明三角形是一个等腰三角形必定要说明两个底角相等，如何入手呢？我为学生设计了以下几个问题。

问题1：与角相关的性质有哪些？

生：平行线性质定理和全等三角形对应角相等。

问题2：在这个三角形中你能否运用平行线性质定理或全等三角形对应角相等？

生：三角形中没有平行线也没有第二个三角形，因此没法利用全等……

问题3：没有平行线能否构建平行线，如何作辅助线？

问题4：如果要用三角形全等，那如何去构造全等三角形？（如果学生还是想不到，则提示观察之前图形折叠后的折痕，让学生学会前后联系的思维）

问题5：作出的这条线怎么表示？它是一条什么样的线？

问题6：随便表示都可以吗？如果是，请写出每种辅助线的做法，如果不是，会有哪几种？

问题7：你能给这条线起一个名字吗？

问题8：你还能举出上述同质问题的共性吗？

"让教"意图：问题的设计由浅入深，通过个人思考、小组合作、分类讨论去调动每一个学生的积极性和小组的聚合力。而且问题环环相扣、由浅入深，适合不同类型的学生回答。这样的问题设计就算有学生回答错，也很容易有第二个学生来补充。而且，根据学生回答的每个小问题都可以衍生出其他的问题。这种课堂的"让"属于有意图的让，课堂里没有让学生去讲课，但由于涉及的面比较广，锻炼的学生个体也比较多，虽是"小让"，但效果比较好。

2. 安排合适的交流内容

交流是一种很好的"让教"方式，通过交流，学生和学生的思想能够碰撞出火花，也可以起到"兵教兵"的作用。在中国知网上输入"小组合作"字样，显示有数万篇相关的文章，说明教师对小组合作的研究是比较多的。在这些文章中，研究小组合作的方法、策略、用途的最多，但研究如何去选择合适的内容来进行交流的却不是很多。很多教师组织学生交流是为交流而交流，而合适的内容能最大限度地提升课堂的效率。

（1）在知识的关键处交流

"关键"一词在日常解释中指事物最紧要的部分，对事物和事件情况起决定作用的因素。而教材的关键处就是学生学习、理解、掌握知识的最重要之处。在教材中，有很多知识点，如果教师不加以点拨，学生可能无法理解编教材者的本意而把问题想偏。因此，像这种容易出现知识点拐角的地方，就是一个关键处，如果在这种地方设计一些问题让学生研讨后再说出来，对帮助学生理解教材作用是非常明显的。

【案例3】

在北师大版七年级《整式的加减》中，教材提出了一个计算火柴棒根数的问题。之前在认识整式时已研讨过类似的问题，因此我让学生通过自己思考来做此题。

1. 你还记得用火柴棒搭正方形时小明是怎样计算火柴根数的吗？如图 1-2-1 所示，在这些图形中，第一个正方形用 4 根，每增加一个正方形就增加 3 根。那么搭 x 个正方形就需要火柴棒 $\underline{4+3(x-1)}$ 根。

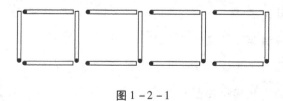

图 1-2-1

2. 大家来试一试看，有没有其他的方法计算火柴根数。如图 1-2-2 所示，把每一个正方形都看成用 4 根火柴棒搭成的，然后减去多算的数，得到的代数式是 $\underline{4x-(x-1)}$。

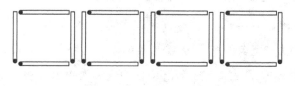

图 1-2-2

3. 如图 1-2-3 所示，第一个正方形可以看成 3 根火柴棒加 1 根火柴棒搭成的。此后每增加一个正方形就增加 3 根，那么搭 x 个正方形共需 $\underline{3x+1}$ 根火柴棒。

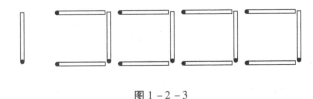

图 1-2-3

(1) 以上几种计算火柴棒根数的办法所得结果一样吗？

(2) 比较它们的运算结果，你有什么发现？

由于研究过类似问题，学生经过研讨后，找出了很多方法，列出了很多式子，但当找出不同的解法后，这些解法有何用途，学生却想不出，并一直把它归纳为找规律一类（说明学生对题目用途的理解并不深）。我让学生再读题、审题，深入理解题目的意思。

（学生一番讨论后）

小组 1：我觉得我们忽略了"比较它们的运算结果"这个问题。

小组 2：是的，因为三个题目是一样的，不同的是方法，所以结果应该是一样的。

小组 3：也就是说，$4+3(x-1)=3x+1$，以及 $4x-(x-1)=3x+1$。

小组 4：这应该属于计算结果，属于化简一类。

小组 5：是化简，再说细点就属于去括号。

小组 6：没错，我们小组研究出来的结果也是去括号。而且两道题的括号一个是正号一个是负号，所以我们觉得这几道题的综合意思应该是在研讨如何去括号。

……

后面的问题也就迎刃而解了，学生最终经过研讨得出了去括号的法则。

"让教"意图：这道题之所以关键，是因为很多学生（甚至教师）在做（讲）这道题时往往把其当作找规律题来练，而忽略了教材设计者的本意，说明学生在预习时没有从根本上理解此题目在这节课中的地位，忽略了此题的目的在于化简（去括号）而非研究找规律。因此，本节课"让教"给学生，由学生思考后把问题展示出来，教师知道了学生的想法后再采取干预措施，此时的教学容易达到解决问题的目的。如果不"让教"给学生，按照之前的课堂预设（会主观认为学生应该知道问题的发展），教师可能会直接讲去括号法则而忽略其来源。

（2）在知识的易错处交流

易错的知识点其实就是知识的难点，学生对它的理解是模棱两可、似是而非的，看起来容易做起来总是错。学生就这种知识点进行交流就较容易厘清它们的关系。比如，-1^2，$(-1)^2$ 和 $-(-1)^2$ 这三个数的计算就是学生经常错的，学生难以厘清括号和乘方之间的关系，而通过小组的交流把每一个负号和括号之间所表达的关系厘清，学生对这种知识点也就懂了。

【案例4】

北师大版教材七年级上册《有理数的加减混合运算》中有这样一道题：$8-2^3\div(-4)\times(-7+5)$。这是一道看似简单但很容易错的计算题，错的原因是很多学生对运算顺序的理解不到位，如"先乘除后加减"中就把乘的顺序凌驾在除之上，但实际上这两种运算属于同一级。因此，我设计了如下几道计算题，让学生理解、体会、归纳运算顺序的区别。

（1）$8-4$。（第一级运算）

（2）$8-(-2)\times(-2)$。（第二级运算）

（3）$8-8\div(-4)\times(-2)$。（第二级运算）

（4）$8-2^3\div(-4)\times(-2)$。（第三级运算）

（5）$8-2^3\div(-4)\times(-7+5)$。（第四级运算）

师生活动：通过这样的多级运算，让学生理解运算顺序的进阶，同一级的运算按照先后顺序进行，如（3）中的乘除法计算的顺序。对于这五个小题，学生小组讨论每一级运算间的联系，并适当画成阶梯表。

"让教"意图：学生对于模棱两可的问题经常做错，很多时候我们会把这种情况归结为学生粗心。其实这归根结底还是学生对知识的结构、概念的理解不到位，而教师在讲解时也没有花时间讲清楚，或者学生对教师的讲解理解不到位。此时，应通过学生的争辩、讨论以及教师的指点，把模糊的知识点清晰化，把笼统的知识点详细化。

3. "让教"的方式不拘一格

让学生教不等于把整节课都交给学生、把教师定位为学生的听众，如果这样，那就是本末倒置了。我在平时的教学中每节课都会提前布置一些特定的、适合学生讲的知识，让学生提前准备以便在课堂上进行展示，目的就在于让学生去教。当然，课前预设得再好，都不像演出那样，可以先进行彩排，因此，课堂里的"小意外""小生成"是不断的。我们预设好课程，但学生往往不会按照我们的预设情节去进行。

大部分的课堂都要求将预设的内容讲完，问题是，我们不能重来，每节课对于教师和学生都是唯一的，这就要求教师随时调整教学设计，遇到学生好的想法、学生不懂的做法，教师应该停下来调整自己的教学顺序和思路，而"让教"就是一种很好的探寻学生思维活动的方式。当然，"让教"的方式不局限于某一种固定的套路，它既可以有和风细雨式的提问，也可以有独领风骚式的讲授；既可以有想法新颖的一题多解，也可以进行集体探讨的小组合作。不管哪种形式，目的都是让学生动起来，把心里的理解说出来，并将此反馈给教师。一般来说，我在课堂上多采用以下几种方式"让教"。

（1）和风细雨式的提问

教师在课堂教学中巧妙地设计问题，不仅可以点亮课堂，激活学生的思维，更能有效地引领课堂教学。对于不同层次的学生，我们采用细心、细语的提问。相较其他方式，这种"让教"的方式更容易被学生接受，也是我们课堂教学中比较常见的。但提问需要有针对性。对于知识点的直接提问或以考查记忆为主的问题，我们可以让基础薄弱或易开小差的学生去回答；而对于启发式的提问或有一定难度的提问，我们可以找基础扎实的学生回答或经过小组讨论再来提问。例如，在讲解《图形的全等》这部分内容时，我展示了一组小鱼图案（鱼头方向不同，鱼的大小、形状完全一致），并提问。

问题1：大家观察这些图案，它们有什么特点？

问题2：生活中这样的例子很多，你们能结合生活经验来列举一些实例吗？

问题3：(把小鱼的图片一个正放一个倒放或采用其他放法) 大家觉得这组图形一样吗?

"让教"意图：这三个问题难度并不是很大，但在设计时，前面两个问题基于学生对日常生活的认知就可以解决，这两个问题也为后面的学习做了一个铺垫。第三个问题稍加改动，打破了学生的固有思维，学生马上就犹豫了……

这样的"让教"，问题难度并不是很大，但对学生的影响却是积极的，既激发了学生的学习兴趣，又对教师掌握学生的学习情况有一定的帮助。特别是在第三问中，教师通过该问题可以更好地了解学生对全等的最初认识。在学生还不具备单独授课的能力时，这不失为一种比较好的方法。

(2) 想法新颖的一题多解

一题多解是指解题者在面对一道多解题时能够从不同的角度、不同的方位、不同的层次去审视、分析、解构其中包含的数量关系、空间关系、逻辑关系等，以做到用不同的解法求得正确的结果。让学生掌握一道题的多种解法可以有效地培养其思维能力，提高其解决问题的能力。而在"让教"的课堂教学中，一题多解更是一种既有助于提高学生思维能力，又能让学生把自己的想法分享出来的很好的方式。

【案例5】

(顺德区 2018 学年度初三二模考试第 22 题) 如图 1－2－4 所示，矩形 $ABCD$ 中，$AB = 4$，$BC = 3$，点 E 为 AB 的中点，将矩形 $ABCD$ 沿 CE 折叠，使得点 B 落到点 F 的位置。

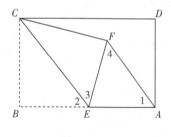

图 1－2－4

(1) 求证：$AF /\!/ CE$；

(2) 求 AF 的长度。

这道几何题涉及折叠、相似、平行、等腰三角形等知识点，但知识点之间的联系比较紧密，并非孤立地存在，而且图形的构造、折叠也是学生比较常见的，但学生的答题情况却并不尽如人意，做对第一问的只有25%。对于这样一道较常见的、常考的几何题为何会出现这种情况呢？试卷发下来评讲这道题时，我设计了几个问题先让学生思考。

问题1：关于证明两条线平行，我们学过（涉及）的方法有哪些？

活动结果：在思考和探讨中，学生回答：

（1）三线八角。

（2）垂直于同一条直线的两条直线平行。

（3）中位线。

（4）分线段成比例。

问题2：我们先来试试第一种方法，要从哪个知识点去思考？

生1：可以考虑同位角、内错角等。

活动结果：运用三线八角的方法做得较好（解法略）。

问题3：假设后面三种方法都是可行的，如何去突破呢？你是怎么想的？

（一番思考和讨论后）

生1：如图1-2-5所示，我觉得可以考虑中位线，因为 CE 肯定平行于 AF，而条件上说 E 是中点，如果连接 BF，那 H 也可能会是 BF 的中点，但我不知如何去说明它是 BF 的中点。

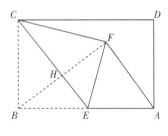

图1-2-5

生2：我们在研讨之后发现，如果还用全等来证 $BH = FH$ 会很麻烦，我们漏掉了一个很重要的折叠条件没有用。

师：很好！在遇到障碍时能回到题目中去思考。

生2：折叠其实就是轴对称图形，既然是折叠，就有 CE 平分对称点的连线。（他这一说，班上的学生马上懂了问题的根源所在）

师：非常好，大家在试卷上写下过程吧。

（几分钟后）

师：那运用"垂直于同一条直线的两条直线平行"这种方法有没有可能解这道题？

生3：我觉得还是可以仿照刚才的方法。因为刚才的解法利用轴对称已经证明了 $CE \perp BF$，所以我们只需证明 $BF \perp AF$，就可以证明两直线平行了。

师：很好，这是一种逆向思维，从结论去分析可行性，那怎样证明呢？

生4：如图 $1-2-6$ 所示，我们知道 $\angle BFA = 90°$，则斜边上的中线等于斜边的一半，题目已告知我们一半了，就是不知道它的逆定理是否可行。

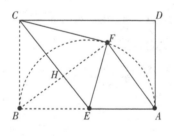

图 $1-2-6$

师：从直角我们很容易想到什么图形？（或者还有什么图形含有直角）

生5：好像只有圆周角才有，但这里没有圆啊！

生6：没有圆能否作一个圆？（圆是辅助线？）要不尝试下……

生：可以的，以点 E 为圆心，以 BE 为半径作圆。显然这个圆一定会经过 F 点，那 $\angle BFA$ 就是圆周角，而 AB 是直径，所以 $\angle BFA$ 是直角……

（第二问的解法和课堂对话略）

"让教"意图：解题方法是题目的灵魂所在，它可以让学生通过方法认识到数学问题的本质，从而有效解决此类问题。在这道题目中，学生能记住、理解的方法只有角相等，因此，教师并没有把所有方法都教给学生，而是让学生自己去思考和讨论，从中总结、归纳出证明平行线的基本方法。在这道题中，教师充分把时间让给学生，让学生去研讨，相信这样的研讨方式对于学生解答这种题型会有所帮助，也会让学生明白,在学习数学的过程中,不应该单纯地记忆数学公式、概念和定理,而是要形成固定的解题方法,从而节约解题时间,同时提升学习兴趣。

（3）集体探讨下的小组合作

受课改思想的影响,小组合作的教学模式曾一度在全国各地开展得如火如荼。小组合作的教学模式为什么广受欢迎呢?因为小组合作的本质是以学生为主体,通过课堂教学给学生机会。从这个角度来看,小组合作是值得推广的。对之前小组合作做得好的一些学校进行研究,我们发现,数学的小组合作学习不能只是一种空洞的、流于表面的形式主义。小组合作的主要目的是让学生在小组合作的过程中共同探索数学问题,激发他们对于数学学习的兴趣,加深彼此之间的情谊,使课堂气氛更加轻松、活跃。因此,合作学习并不只是体现在数学课堂中,教师应该鼓励学生在课外遇到不懂的问题与小组成员合作探究。这种合作探究并不是让学生过分依赖他人,而是鼓励学生集思广益,通过发散性思维找出最好的解决问题的方法,最好能从不同的角度对数学问题进行探索,从而找出最优的解决方法①。小组合作的研讨能更好地让学生把想法说出来。

【案例6】

如图 1-2-7 所示,有三种卡片,其中边长为 a 的正方形卡片有 1 张,边长分别为 a、b 的长方形卡片有 4 张,边长为 b 的正方形卡片有 4 张。若用这 9 张卡片拼成一个正方形,则该正方形的边长为多少?

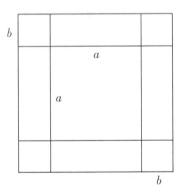

图 1-2-7

---

① 覃厚菊. 初中数学小组合作学习的有效研究 [J]. 读天下（综合）, 2019 (24): 150.

生1：我觉得可以这样做，如图1-2-8所示，把这些卡片拼成一个正方形。

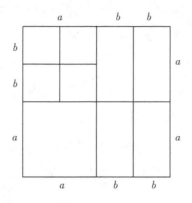

图1-2-8

这样就可以得出正方形的边长了，我们小组讨论的结果为 $(a+2b)$。

师：同学们能理解这种拼图是如何得到的吗？同学们再想想，除了这种方法，还有其他的方法吗？

生1：我们小组觉得这样做也行。如图1-2-9所示，可以得到大正方形的边长也为 $(a+2b)$。

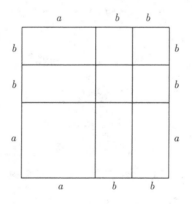

图1-2-9

生2：老师，我认为这样做不太好，表面上大正方形的边长也为 $(a+2b)$，题目并没有说明 $a=2b$，但从他们组的图来看，就体现了 $a=2b$，所以我认为这是不成立的。

师：那有没有解决办法呢？

生3：我觉得应该把这个图改一下，就可以说明问题了。

师：不错，这说明我们的同学是动了脑筋的，还有其他问题吗？

生4：老师，我觉得画图虽然是一种不错的方法，但有时画图很难理解，还有其他较快捷的方法吗？

生5：老师，我可以解决生4所说的问题。我觉得可以先把这几个图形面积的多项式求出来，为 $a^2 + 4ab + 4b^2$。从这个多项式可以看出，它刚好可以构成一个完全平方式，刚好等于 $(a + 2b)^2$，因此，得出它的边长为 $(a + 2b)$。

从以上的课堂实录可以看出，教师在上课的时候并没有直接把答案灌输给学生，而是利用了小组合作这种教学模式，让学生充分去讨论，去尝试不同的解法，哪怕是错的也让学生说出来，这样的合作无疑会提升学生的思维能力。

小组合作不只是让学生讨论、讲出来，课堂上，教师有时也应该走到学生跟前，让学生来讲讲；课堂上发现学生有好的解法或者有一种渴望展示的表情时，教师也可以临时让学生把自己的想法说出来。把题目大胆地交给学生，让学生当老师，教师只要在下面认真地聆听，遇到模棱两可的问题，不经意地反问一下，就能引发学生的认真讲解和指导。对于有一定难度的题目，教师可以表现出为难的样子，故作沉思，不时和学生一起争论、探索、交流，充分融入学生，成为学生的一员。①

（4）团队协作式的授课

相比前面三种"让教"，让学生在课堂里授课显然是一种对学生能力的高度肯定，是能够显著提升授课学生自信心的方式。但很多教师对"学生授课"这种方式是持怀疑态度的，甚至是嗤之以鼻的。他们认为，教师都不一定能教好的内容还敢叫学生去教，到头来还不是要教师多讲一遍。浪费了时间不说，对听课的学生也是一种不负责。持这样观点的教师不在少数，但他们可能忽视了一点，那就是让"学生授课"不等于教师是个旁观者，不等于教师可以诸事不理。对于"学生授课"的方式，很多教师的理解是有误的。

"学生授课"是指学生在教师的指导下充当课堂教师，对选定的课程内容

---

① 刘永森. 数学课上，老师不妨"愚"些［J］. 中文信息，2014（7）：151.

通过查找、整理、归纳资料等方式进行自主研究式学习，变被动接受知识为主动"教与学"。这种教学方式是学生自主学习、自主设计、自主展现的过程，更是学生自主学习能力、自主创新能力、协同合作能力等综合能力得到锻炼和提高的过程。这种学生上讲台的新型教学方式将教学的主动权交给学生，开创了自主学习、自主探索创新的新格局。① 也就是说，教师是从台前走到了幕后，但不等于只做一个旁观者而无所事事。虽然我们也是先让学生独立思考、小组合作、自学研讨，但由于受年龄、知识、能力等各方面的限制，学生自主学习的能力肯定是比较欠缺的。如果教师放任，授课的学生自己都没搞懂知识，听课的学生也越学越糊涂，这对"授"和"听"的学生都是一种很大的打击。因此，教师以学生的"学"为优先，在把他们的发展放在主体地位的同时，要准确把握他们在思维动态发展过程中出现的各种遗漏、谬误，将其作为自己"教"的突破点，以此来编排授课内容，巧妙地把知识转化成智慧，从而实现随机通达的教学策略。当然，对于较为浅显、授课学生能自行理解的知识点，教师可以适当放手让授课的学生自己去思考和讲解。

【案例7】

内容选定：北师大版八年级下册《不等式的基本性质》。选定这节课是因为本节课具有数学探索的味道，但难度不会太大，教和练的结合会比较容易。

授课学生：自愿报名的5名学生组成一个小团队，提前5天告知内容。

选择用团队而不是个人的原因：一是锻炼的对象会多一些，二是发挥团队集体思维的作用。苏联作家奥斯特洛夫斯基曾说："不管一个人多么有才能，但是集体常常比他更聪明和更有力。"

备讲思路：团队先研讨如何授课→制定授课方法→写出具体教案→教师指导。（应该说学生的备课思路还是清晰的）两天后，授课团队制作出基本讲案并让教师过目。

1. 根据教材（图1-2-10）给出的例子，让同学进行探索，用不等号完成填空。

---

① 陈舒梦. "学生授课"教学模式在"日本文化"课堂中的应用实践研究 [J]. 江西电力职业技术学院学报，2019，32（7）：59-60，62.

完成下列填空：

$$2<3;$$
$$2\times5\ \underline{\hspace{2em}}\ 3\times5;$$
$$2\times\frac{1}{2}\ \underline{\hspace{2em}}\ 3\times\frac{1}{2};$$
$$2\times(-1)\ \underline{\hspace{2em}}\ 3\times(-1);$$
$$2\times(-5)\ \underline{\hspace{2em}}\ 3\times(-5);$$
$$2\times\left(-\frac{1}{2}\right)\ \underline{\hspace{2em}}\ 3\times\left(-\frac{1}{2}\right)。$$

图 1 - 2 - 10

2. 通过填空你发现了什么？能否再举例子说明它们的正确性？

3. 各个小组将通过合作发现的规律用文字表达出来，并在小组内交流。

4. 板书得出不等式的基本性质，再做不等式的练习。每个小组的 4 号同学上来完成，组长讲解和给分。

5. 做两道有一点难度的培优题，完成本节课……

显然，授课团队完全尊重和采纳了教材的方法，对于较难理解教材意图的学生来说，这不失为一种好方法。这样的设计符合学生的认知规律，更多的还是就知识讲知识。如何帮助团队立足教材又高于教材，让学生更好地理解不等式的性质是如何形成的、性质的形成对例题有何帮助呢？我提炼了几个问题让团队去思考：

（1）学生的认知基础：①比较数的大小；②理解不等式性质并能利用性质解题；③知道不等式的概念；④具备"通过观察、操作并抽象概括等活动得出数学结论"的能力。

（2）学生认知的主要障碍：①如何将等式和不等式做类比，从而得到不等式的性质；②在运用不等式基本性质时可能两边没有同时乘以或除以一个数；③对于为什么要改变不等号的方向很难理解（也容易忘记）。

经过反复琢磨和查找资料，团队设计了这样几个问题：

问题1：等式具有哪些性质？你能用数学语言表达出来吗？（一边问一边板书）

问题2：研究等式性质的基本思路是什么？（小组讨论后把结果说出来）

问题3：用"＞"或"＜"完成下列两题，并猜想不等式性质1。（小组用数学语言表达出来）

（1）$6>4$，$6+2$ ＿＿＿ $4+2$，$6+1$ ＿＿＿ $4+1$，$6+0$ ＿＿＿ $4+0$，$6+（-1）$ ＿＿＿ $4+（-1）$，$6+（-2）$ ＿＿＿ $4+（-2）$。

（2）$-6<-4$，$-6+2$ ＿＿＿ $-4+2$，$-6+1$ ＿＿＿ $-4+1$，$-6+0$ ＿＿＿ $-4+0$。

（3）$-6+（-1）$ ＿＿＿ $-4+（-1）$，$-6+（-2）$ ＿＿＿ $-4+（-2）$。

团队在小组表达后进行修改，再把性质1板书出来。

问题4：研究完加（或减）的不等式性质，下一步应该研究哪一个性质了？用什么样的方法去研究？（问题抛出后让小组自己去研讨）

课堂实录：因为有了研究加（或减）的不等式性质的方法，很多小组能仿照上面的实例进行研究，有些组把乘、除一起研究了，有些组将乘法和除法分别进行研究，并把两种研究用正负号加以区分。通过这种探讨，学生能较好地判断乘以或除以一个负数时不等号为什么要改变方向，而授课团队也参与到各小组的研讨中。当然，因为毕竟是学生授课，团队对时间、问题、研讨的走向把控不是很好，这时教师要参与进来，协助授课团队一同来完成。

问题5：等式性质与不等式性质的主要区别是什么？（小组研讨后把写好的答案用平板推送，授课团队截取有价值的来评讲）

问题6：课堂练习。

课后反思：通过这样一节课，授课团队感慨良多，原来以为教师上一节课很容易，没有想到背后做的工作、设计的问题如此多。同时，他们表示，这样一节课，锻炼了自己的胆量、提升了自信心，加深了自己对这个知识点的理解。也因此，很多小组主动要求承担这种授课任务，并希望多组织这种活动。

课堂从来不会缺乏活力，也不会缺少思考。如果我们的课堂只有死记硬背，而没有理解生成，只有不断地刷题，而没有总结和归纳，只有不断地灌输，而没有思维的碰撞，这不是数学原来的样子，这样的数学会被学生认为是枯燥的、乏味的。数学其实有美丽的一面，却也是有一定难度的，只有让学生去突破难点，学生才能体会到数学的美丽。如果永远只有难点而看不到数学的美丽，我想学生离不想学、放弃也就不远了。

只要真心"让教"于生，学生总能另辟蹊径、自创新法，因为好为人师是人的天性，教师对此巧加引导，就能引爆学生的无穷学习力，还能使师生在对立中找到统一，进而走向教和学的"和解"。① "教是为了不教"，教师要判断学生对知识的掌握程度，正如周彬教授说的："要知道学生是否真的听懂了，最简单的办法就是，让学生对其他同学再讲一遍。如果把这个知识点讲通了，那就证明学生懂了；如果把原来懂了的同学讲糊涂了，就证明学生离懂了还有距离。"② 而要达到这个目的，课堂上教师勇于"让教"是很有必要的。

① 冯卫东. 为真学而教：优化课堂的 18 条建议［M］. 北京：教育科学出版社，2018.
② 周彬. 叩问课堂［M］. 2 版. 上海：华东师范大学出版社，2012.

第三节 "让教"对数学核心素养培育的作用和意义

📖 内容导读

《数学课程标准》指出："数学是人类文化的重要组成部分,数学素养是现代社会每一个公民应该具备的基本素养。作为促进学生全面发展教育的重要组成部分,数学教育既要使学生掌握现代生活和学习中所需要的数学知识与技能,更要发挥数学在培养人的思维和创新能力方面的不可替代的作用。"

核心素养在这几年被大量提起,在教育类的文章、书籍中几乎都能搜索到"核心素养"这个关键词。那么什么是核心素养?不同的学科有不同的看法、不同的理解。从各级各类研究来看,我们的教育指向核心素养,目的是培养学生以下几种素养:社会责任、国家认同、国际理解、人文底蕴、科学精神、审美情趣、身心健康、学会学习以及实践创新。而其中的学会学习主要表现为个体在学习态度、方式、方法、进程等方面的选择能力、评估能力与调控能力,主动适应"互联网 +"等社会信息化趋势等。它又包含了三个方面:①乐学善学,重点是有积极的学习态度和浓厚的学习兴趣;有良好的学习习惯;能自主学习,注重合作;具有终身学习的意识;等等。②勤于反思,对自己的学习状态有清楚的了解,能够根据不同情境和自身实际,选择合理有效的学习策略和方法等。③数字化学习,重点是具有信息意识,有数字化生存能力。

而从数学角度综合起来看:"数学核心素养可以理解为学生学习数学应当达成的有特定意义的综合性能力。核心素养不是指具体的知识与技能,也不是一般意义上的数学能力。核心素养基于数学知识、技能，又高于具体的数学知识、技能。核心素养反映数学本质与数学思想，是在数学学习过程中形成的，具有综合性、整体性和持久性。数学核心素养与数学课程的目标和内容直接相关。数学素养是指当前或未来的生活中为满足个人成为一个会关心、会思考的公民的需要而具备的认识，以及理解数学在自然、社会生活中的地位的能力，做出数学判断的能力，参与数学活动的能力。"①

一、课堂上的"让教"能体现数学核心素养

对于数学，学生需要提高学习兴趣，增强学习的信心，养成良好的习惯，具有初步的创新意识和科学态度。国家制定的数学课程目标经历了几个不同的时代，从20世纪60年代、70年代强调的"双基"教学的落实，80年代注重的思维能力的培养，90年代关注的创新能力的发展，以及21世纪初确定的"三维目标"这几个具有标志性的理念创新和实践探索过程，到现在的核心素养理念的形成和体系的建立，都凸显了一种与时俱进的数学课程目标意识。这种从注重"双基"到"三维目标"，再到核心素养的转变，满足了人们对数学学科的理性向往，实现了数学教育价值的提升，是数学课程目标的本质诉求，也是数学素养定位的价值取向。

从近几年新高考的改革来看，高考的数学取消了以往文理科的区分，改为文理科都是一套题。这种做法就是要让学生重视数学，因此数学核心素养的培育在平时的教学中显得尤为重要。

课堂教学活动不再是简单的知识灌输，取而代之的是在课堂教学中体现素质教育，而素质教育的目标在于引导学生通过自身实践探究去发现问题、分析问题，在自主解决问题的过程中了解和掌握知识。"让教"就是在这种背景下培养学生的上述素养，教师少讲或精讲，把部分时间让给学生去讲，要让学生不仅知其然，也知其所以然。

现在我们所有的学习无不是从最初的无到现在的有。数学中有很多定理与

① 李琳琳. 浅谈初中数学核心素养 [J]. 数学学习与研究（教研版），2018（11）：96.

公理都是从最开始的观察到猜想，再进行验证的。所以我们要鼓励学生大胆提出猜想，用创新的方式去学习数学。学生如何进行创新学习？首先需要教师为学生提供更多的平台去施展。

课堂就是教学的主阵地，教师要善于捕捉学生的思维片段。我们让出部分时间给学生，让学生去想、讨论、教，让学生思维碰撞出创新的火花。这个过程就如高斯的求和公式一样，也是源于高斯小时候一种创新的思维。试想要是他的老师没有提供这样一个机会，或者老师看到了而不善于发现这个机会，从而没有鼓励高斯，或许高斯的数学天赋就不会被发现。所以要想学生有所发现，教师就必须给他们提供展示的机会。这些机会中就渗透着学生的核心素养。学生只有不断地发现问题，不断地解决问题，才会有发展的机会。

在北师大版七年级上册《字母表示数》这一节课的教学设计中，搭1个正方形需要4根火柴棒（图1-3-1）。

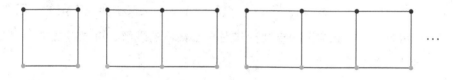

图1-3-1

在课堂教学时，教师并没有给出具体的问题，而是把时间交给学生，让学生通过小组合作去研讨自己小组的问题。一段时间后，学生把研讨出来的问题在班级展示，全班逐个解决小组展示出来的问题。通过这样探讨出问题再去解决的过程，学生对问题的理解就会深刻很多，能完全地体现自己的思维能力，而不仅仅是照本宣科地教。

二、"让教"凸显数学素养的内涵与外延

经常有学生会问：我们为什么要学习数学？我们以后的工作和生活又未必和数学有关。如果说为了买菜，学完小学的数学就够用了，上了初中还要学方程、函数，难道买菜和买衣服都需要用到函数吗？

要回答好这个问题，我们首先要弄懂数学是什么。学数学只是为了买菜、买衣服吗？显然不是，天上飞的飞机、地下跑的汽车其实无一例外都和数学有

关。其次，我们要了解核心素养的核心是什么。它强调的是培养学生适应社会发展和终身发展所必需的必备品格与关键能力。

从初中数学学科的角度来看，数学课程标准下的核心素养包括以下十大核心概念：数感、符号意识、空间观念、几何直观、数据分析、运算能力、推理能力、模型思想、应用意识、创新意识。著名数学教育家、课标修订小组组长史宁中先生在描述数学核心素养的时候强调数学抽象、逻辑推理、数学建模、数学运算、直观想象与数据分析六个方面。这实际上都属于教育或学科教学的一种愿景。其实无论是课程标准的十大概念，还是史宁中先生的六个方面，都具有明显的学术特征，都代表着数学的内涵。

例如数学建模，这是多元角度中共有的一个理解。在学术视野里，数学建模有严格的数学定义；在教师的视野里，从诸多事例中抽象得出的公式、母题等都可以视作数学模型。但这些描述对于学生而言显得比较抽象。在学生感觉抽象甚至是难以内化、运用的情况下，这种模型的意义又确实是有限的。因此，从学生视角出发，站在学生的角度构建对核心素养的理解，可能是数学学科核心素养培育的必然途径。①

换言之，数学的内涵是丰富的。从数学学科的特性上来看，"数学学科就其结构而言可分为表层结构和深层结构"②，数学符号、表格、数感、图象等数学的语言所直接表述的数学概念、定理、公式、命题就是数学的表层结构，而数学的深层结构包含着知识背后的价值、思想、方法论等。表层结构的意义的存在方式是系统的、逻辑的、主线鲜明的、明确的，是可以言传的知识，而深层结构的意义的存在方式则是分散的、渗透的、暗线的、缄默的、隐形的，它是不可言传的。"让教"正是要让学生从思维碰撞中得出深层次结构的意义，而不只是知识的传授。下面我们从课堂上的一个"让教"片段来感受其内涵和外延的呈现。

【案例1】

如图 1 – 3 – 2 所示，已知直线 $y = 2x + 3$ 和直线 $y = -2x - 1$ 与 y 轴分别交于

---

① 姚强，翟亚雄. 初中数学核心素养的内涵与外延探究——基于学生的视角 [J]. 数学教学通讯，2018 (11)：12 – 13.

② 余文森. 核心素养的教学意义及其培育 [J]. 今日教育，2016 (3)：11 – 14.

点A，B。

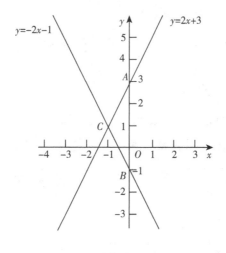

图1-3-2

1. 情境的构建

问题1：通过前几节课的学习，我们已初步了解了一次函数的图象和关系式，我们来看看这个图象，你能想到什么？

"让教"意图：教师并没有马上把题目全部抛给学生，让学生投入到解题当中，而是通过图象让学生认识函数的本质以及学会观察图象和题目之间的联系，并把观察到的东西说出来。

预设生成：如果学生从一次函数的概念、性质、图象、联系去谈对这个图象的认识，教师应该肯定学生，同时引导学生"还可以从哪些角度去看待这个图形"，让学生的思维走向另一个高度（如情境、变化、变换）。通过小组合作讨论，学生可以将问题逐一抛出来。通过这样的讨论，学生基本能弄清楚一次函数的含义。

2. 问题的产生

问题2：通过刚才的合作，我们理解了本道题的大致方向，现在你们能设计出不同的问题吗？

通过教师的提问，学生提出了很多的问题，教师在诸多问题中挑选了两个较为普遍的问题让学生去尝试解答：①求出 C 点的坐标；②求△ABC 的面积。

然后教师抛出下一个问题。

问题3：为何老师要问这两个问题？这两个问题之间有何联系？

"让教"意图：通过问题激发学生的探究欲和求知欲，鼓励学生合作讨论并说出自己的问题，要求学生对自己所提出的问题进行验证（问题要正确，如果不正确则需要重新提出）。而教师之所以给出这两个问题，是要让学生知道其中的关联性，进一步了解函数内涵的本质。

预设生成：学生对这两个问题理解比较到位，能说出它们的关系是互不可少的。没有第一问就无法求出第二问，教师通过这样的提问把时间交给学生，让学生去探索，而不是教师包办所有的问题的解决，从而最大限度地开发学生的思维。

3. 题目的探究

问题4：如图 1-3-3 所示，除了刚才的问题，你还能提出其他问题吗？

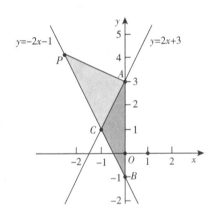

图 1-3-3

"让教"意图：这个问题就比较有开放性了，能激发学生研究函数题目的基本套路，明确研究函数题目的概念、性质、图象、联系，通过增加条件、改变条件去开拓解决问题的思路。

预设生成：如果学生在这种问题上存在困难，先让学生探讨几分钟，把自己编出的问题讲出来。教师可以指导学生把这类开放性较强的题目编好，鼓励学生大胆尝试。

合作果实1：在直线 BC 上能否找到点 P，使得 $\triangle APC$ 的面积为6？若能，

求出点 P 的坐标；若不能，请说明理由。

合作果实 2：求点 A 到直线 BC 的距离。

合作果实 3：在直线 BC 上找一点 P，使得 $\triangle BCA \backsim \triangle BAP$，并求点 P 的坐标。

……

"让教"意图：教师多鼓励学生，并从中挑选出几个问题让学生去解决。通过这样的"让教"，把本来需要教师讲解的题目、题型、解题思路等交由学生讲解，教师需要做的是协助、指导、帮扶、点拨，对学生的想法（即便是古怪的想法）给予肯定或修改。

4. 题目的外延

问题 5：你能通过移动两条直线得出其他问题吗？

"让教"意图：教师没有给出具体的图形让学生去解，但提出了一个问题——"你能通过移动两条直线得出其他问题吗？"移动直线就意味着一次函数的关系式发生了改变，这就是一个函数的本质问题了，把题目从表层结构意义变为深层结构意义，表层是移动位置，深层是改变关系式。

预设生成：学生在合作讨论时基本只考虑提出问题，如 $\triangle ACB$ 的面积是 $\triangle CDE$ 的几倍（图 1-3-4），甚至是证明 $\triangle OBE \backsim \triangle ADO$ 等外延意义不大的问题。教师此时不应急着指出学生的不足，而应对学生的问题进行引导，如先确定某条线，给出需要达到的条件后求其他线。提示后，学生的思路顿时打开了。

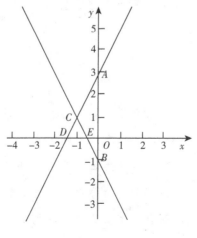

图 1-3-4

合作果实1：如图1-3-5所示，已知直线 $y=x+3$ 的图象与 x，y 轴交于 A，B 两点，直线 l 经过原点，与线段 AB 交于点 C，把 $\triangle AOB$ 的面积分为 $2:1$ 两部分，求直线 l 的解析式。

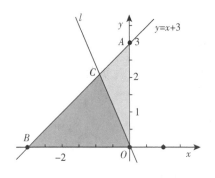

图1-3-5

合作果实2：如图1-3-6所示，当直线 AD 不变时，点 C 在直线 AD 上移动会使 $\triangle OAC$ 的面积等于 $\triangle OAD$ 面积的一半吗？

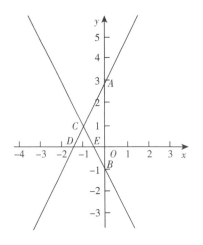

图1-3-6

通过教师的点拨、提示，学生的思维开阔了很多，不但能从函数的本质去揭示函数内涵，还能通过图象的变化去揭示函数的外延。合作果实1所反馈出来的是通过强化条件可以得到不同的数学结论，再次创设一种以强化条件给图形带来新特性的思维方法。而合作果实2所体现的是在合作果实1的基础上让静止的点动起来，这符合函数的变量与变量之间的关系、变量与常量之间的关系,能让学生感受形变质不变以及质变形不变的辩证思维、哲学思维,这也是数学核心素养中从定点到动点、从内涵到外延的发展。

每一次知识的传授或习题的讲解都可以体现某种知识的结构,因此在数学课上不能只是以传授知识为主。把知识讲解完毕、把习题讲清楚在课堂上是远远不够的,我们需要通过某个知识或习题让学生理解数学的内涵,通过拓展数学的外延去探索数学中更美丽的东西。

王尚志教授指出:数学的核心素养具有连续性、阶段性和整合性。除此之外,我们还需要强调数学的整体性。数学各个核心素养是一个有机联系的整体,它们不是两两"割裂"的独立素养,而是相互胶着、相互渗透的。发展学生的核心素养,就在于增强学生在具体的题目情境中发现问题、提出问题、分析问题、解决问题的能力。

这种启发学生的题目情境不应全存在于教师的讲解中,教师的传授只会让学生被动地汲取知识,学生能否完全接受、消化,教师不得而知,这就导致教师的传授具有盲目性,教师无法有针对性地设计难度各异的题目让学生去练。要解决这个问题,教师从一开始就应该准备已设计好的题目让学生展开合作探究,让学生在思维的碰撞中提炼出有价值的、可操作的结论,教师根据学生的结论再设计下一个问题。教师在这个过程中不断寻找学生思维的火花并加以融合,适当给予整合、提炼和深化,让学生能在教师的顺势导思下逐步完成数学知识的探究。这样的数学才是有内涵的数学,学生学起来也会理解得更深刻。

三、通过数学建模培养学生建模思维

建模是指学生通过数学思维将抽象的知识转化为具体模型的能力。由于数学知识具有一定的抽象性,学生在学习时经常会难以看懂图象的构造。人们创造出具有表现力的数学语言,通过模型,构建了数学与外部世界的桥梁,使数学走进生活。因此,扎实有效地开展数学建模学习,是锻炼学生数学表达能力、凸显数学核心素养的必经之路。在日常教学中,提高学生的建模能力有利于学生明确解题思路、掌握解题技巧,从而运用数学知识将生活问题化难为易,轻松解决,实现学以致用、举一反三。

《数学课程标准》中也多次提到体会模型思想、运算与建模等过程，"让教"可以作为建立模型思想的一种补充。

（1）问与答中渗透建模思想

要想培养学生的建模能力，首先要让学生具备建模思想，让学生在掌握基础知识的前提下，加深对建模过程的印象，从而树立数学建模意识，为提高建模能力奠定基础。为了实现上述教学目标，教师可以将生活中的问题引入数学课堂，并将建模过程展示给学生，让学生对数学建模加以认识，从而培养学生的建模思想。①

【案例2】

北师大版七年级上册"一元一次方程"中有这样一道题：某文艺团体为"希望工程"募捐组织了一场义演，共售出1000张票，筹得票款6950元。成人票与学生票各售出多少张？

这是一道有关实际生活和数学运用的应用题，在课堂讲解中，我先让学生从独立思考到小组合作，重点从五个方面去思索：发现知识—数学思考—问题解决—数学价值—建模思想。我让学生经过一段时间的思考，从上述五个方面谈谈自己的基本认识。

生1：这里有两个量——一个是票数，一个是票款。

生2：除了这两个量，还有两个量——一个是成人，一个是学生。

生3：可以把刚才两个同学的问题结合起来，也就是成人和学生的票数等于总票数，成人和学生的票款等于总票款。

师：既然成人和学生的票数以及票款都不知道，我们怎么去处理这个问题？

生1：我们可以设其中一个为未知数，为了方便，我设成人的票数为 x，则学生的票数就为（$1000-x$），……

师：为什么方便，设票款不行吗？

生1：也可以的，但因为票款的数字比较大，所以我设较小的票数或许会方便点，等一下也可以尝试设票款。（学生这种愿意尝试的态度非常好，为后续

---

① 张武梅. 核心素养下初中数学建模能力的培养［J］. 数学学习与研究（教研版），2019（14）：83.

的问题研究打下了基础）

师：有其他同学能接着生 1 的问题回答吗？

生 2：小学学过单价×数量＝总价，只要把假设好的票数乘以单价就可以得出一个方程了，也就是 $8x + 5(1000 - x) = 6950$。

师：刚才说可以尝试假设票款，有谁能解决吗？

生 4：我可以。设成人票款为 y，则学生的票款为 $6950 - y$。

师：为何要用 y 而不用 x 呢？……

生 4：刚才已设了 x，再用 x 会容易造成两种假设的混乱。

师：非常好！给点掌声。

生 5：我觉得这里的假设要纠正一下，就是应该设成人总票款，而不是成人票款。（这体现了学生对知识细节的注重）

生 4：还是根据单价×数量＝总价，对公式进行变形可得到 $\frac{总价}{单价} = 数量$，得到方程 $\frac{y}{8} + \frac{6950 - y}{5} = 1000$，这也同样是一个一元一次方程。我觉得还是第一个方程简单点。

到这里，学生也就建立起了一元一次方程的数学模型，但教师并没有马上结束提问，又接着问学生："前面的研究已经发现 4 个量相互之间都是有联系的，我们发现了设票数会简单点，那么能否设两个未知数呢？"

"让教"意图：这个问题旨在让学生用二元一次方程组来列方程，告知学生解决一个实际生活中的问题的方法并不只有一种，然后让学生去讨论，学生对这种难度较大的问题有很大的兴趣。

生 5：我们可以设学生数为 x，成人数为 y，显然，就有 $5x + 8y = 6950$……

生 6：小孩＋成人＝1000。

师：那如何表示？……

生 5：$x + y = 1000$，好像就只有这两个方程了……

师：能求解这两个方程吗？（学生均摇头）没错，这两个方程我们没有学过，但它是可以求解的，我们把它叫作二元一次方程组，目前你们能列出来就成功了，到了初二我们会进行这方面的学习……

以上这节课，教师并没有直接让学生解方程，而是通过师生对话一步一步引导学生构建一种模型的思想。通过对话，学生认识到实际生活中的问题是可以用方程去解决的，教师让出部分时间给学生让学生思考—合作—问—答，在课堂上通过用一元一次方程创建数学模型从而解决实际问题，培养了学生建模的思想，完成了本节课的教学目标，提高了学生解决问题的能力，促进了数学的学习。

需要说明的是，知识技能、数学思考、问题解决、情感态度这四个方面不是相互独立和割裂的，而是一个联系密切、相互交融的有机整体。案例1的应用题教学就较好地做到了同时兼顾这四个方面的目标，长期坚持这样的教学，对学生数学核心素的培养养会有较大帮助。

（2）研与磨中拓展建模思维

在培养学生建模能力的过程中，拓展学生的建模思维极为重要。一方面，对于刚从小学进入初中的学生，建模思维能帮助其把抽象的题型转化成形象的图形，再转化为具象题型，让其在复杂的题目中抽丝剥茧，找出熟悉的图形，这有助于激发其学习热情，让其主动探究未知世界；另一方面，能提高学生的创新思维，提高其获取知识的能力，为其以后的成长和发展提供有利的条件和保障。在课堂教学中如何用"让教"来拓展学生的建模思维呢？

在案例2中，当学生已完成了列二元一次方程组的时候，模型的思想在学生的头脑中已经初步形成了，这属于模型的雏形。此时，学生的脑海中虽具备了模型思想，但不太会运用或对模型的理解不够深入。因此，在课堂上，我又按照学生列出的式子 $8x + 5(1000 - x) = 6950$ 要求学生用不同的情境来呈现。这样的设计主要是让学生经历实际问题数学化的过程，体验用方程的模型来解决实际问题。学生经过思考、讨论、提炼，将自己组的成果进行展示。

合作成果1：小明买苹果和雪梨共10kg，其中苹果8元1kg，雪梨5元1kg，共用69.5元，苹果和雪梨各买了多少千克？

师：这道题出得不错，直接套用了本题的数据，但把数据相应地缩小到原来的 $\dfrac{1}{100}$，符合实际生活中的数学问题。

合作成果2：某班组织学生参加学农活动，晚上可住宿的大房和小房共有

10 间，大房每间 80 元，小房每间 50 元，总共花去 680 元，大房和小房各有多少间？

合作成果 3：某码头运输场有大车和小车共 10 辆，大车每辆运砂石 80t，小车每辆运砂石 50t。一共运走砂石 6950t，大车和小车分别有多少辆？

……

通过展示一个个变换情境的成果，学生对此类题型的模型思想已了然于胸。这时，教师把中考多年来涉及这一知识的考题呈现给学生，让学生去做，提前感受中考的题型。

题目一：（台州市中考）四川"5·12"大地震后，灾区急需帐篷。某企业急灾区所急，准备捐助甲、乙两种型号的帐篷共 2000 顶，其中甲种帐篷每顶安置 6 人，乙种帐篷每顶安置 4 人，共安置 9000 人. 设该企业捐助甲种帐篷 x 顶，则可得方程：_____。

题目二：一个瓷器商店委托搬家公司运送 800 只花瓶，双方商定每只运费 3.5 元，如果打破一只不但不给运费，还要赔偿 25 元。结果到达目的地后，搬运公司共得 2686 元，在搬运过程中是否打破了花瓶？如果打破了，打破了几只？

建立方程模型是本节课的关键和主要目标之一，但不是唯一的目标。按照逆向思维，给定方程让学生构造恰当的现实情境也是教学的重要目标。这节课既从顺向思维让学生进行思考，也从逆向思维拓展了学生的建模思维。通过展示，学生表达出自己的想法，学生的自主学习代替了教师的口授，长期坚持这样做，既能促进学习目标的实现，对于学生深刻领会方程的建模过程也是很有促进作用的。

通过上述几个问题的阐述，我们清楚地看到，"让教"对于培养学生的数学核心素养具有积极的作用，无论是在建模教学中还是在拓展核心素养的内涵与外延方面，"让教"都可以最大限度地把这些素养激发出来。每一天的"让教"看起来作用都是微乎其微的，但学生作为学习的主体，在每一次的"让教"中都会主动汲取各种养分。

有人说："学生在学习期间和老师、同学的交流程度一定程度上决定了这个学生的高度。"这句话不无道理。因为学生对老师设计的课堂内容从开始的模仿慢慢转化为随着问题进行思考，思考多了，自然会产生很多独特的见解，而如果把这种见解转化为课堂里的讲解,哪怕有些讲解不那么正确,起码学生的思考得以展现,这对学生也是非常有意义的。在课堂上我们要让这些思维的火花闪现,让师生共同探讨,让学生进行讨论,让学生讲解,只有思维的碰撞才能产生最丰厚的成果。

第四节　学生听懂了就是懂了吗

内容导读

　　课堂听懂只是一个初级阶段，"懂"在每个人心里的含义是不同的，好多人的"懂"是"听懂了"，是感觉上的懂，是不假思索、脱口而出的懂，这样的懂是不经深层次思考的表达。懂也是有层次的，从感觉自己懂到真正的懂是需要时间去沉淀、内化的。学生常出现"能听懂课，但不会解题"的问题，说明在教学过程中存在教师教、学生学，以及其他方面因素的影响。

　　我们经常能听到教师的抱怨：明明上课讲得非常清晰，学生上课也很配合，课堂上问学生"听懂了吗"，学生都说"懂了"，但一考试、一做题，很多在课堂上讲过的练习，甚至是一样的题目，学生都会出错，甚至反复错。哎！现在的学生真笨……真的是学生笨吗？如果笨，那他们在课堂上又是如何"听懂"的呢？这种现象在我们的教学中、练习中、考试中屡见不鲜，究竟是哪一个环节出了问题？是教师的教还是学生的学出了问题，抑或是两者兼有？

　　学生能听懂课但不会做题，会背数学知识概念而不会运用，起码说明学生无法从阅读中获取必要的数学信息，不理解问题所包含的数学语言或对数学语言信息不能顺利进行识别、理解和转换，即学生未能正确地把思考的数学对象、解决数学问题的过程用数学语言表示出来。实际教学中，很多教师和学生认为只要背熟概念、定理、公式，再反复多做些题，数学成绩自然会好，因此就经常出现了"$\sqrt{16}$的平方根等于± 4""$-x > 1$，结果为$x > -1$""分式方程做完后忘记了检验"等错误，而且是反复讲反复错。课堂上教师一指出错误，学生就能记起，学生也非常懊恼："我这次考试又不细心了，下次考试细心点应该会考得更好。"其实，不改变教学的方式和学习的方法，再考多少次，这种情况都会存在，学生最终原因会把责任归结为自己粗心。但，"粗心"可不会"背这个锅"，因为出现这种问题的根源在于教师包办了对数学概念、知识细节的讲解。因为担心学生不会，教师"想学生所想""急学生所急"，教师讲得太多，学生理解太少，课堂上没有时间让学生自主练习、安静地思考，有的是拼命地灌输、被动地接受，至于消化的程度，教师又如何知道呢？可能学生当时确实是"吃饱了"，也可能是"吃撑了"，但根本没有消化和理解，错就是必然了。归根结底，学生的似懂非懂在于以下几个方面。

一、教师包办了概念、例题的讲解

概念是指人类在认识过程中从感性认识上升到理性认识，把所感知的事物的共同本质特点抽象出来加以概括，是本我认知意识的一种表达。概念具有两个基本特征，即概念的内涵和外延。

其中，概念的内涵指这个概念的含义，即该概念所反映的事物对象所特有的属性。概念是数学思维的基本单位，通常包括四个方面：名称、定义、例子和属性。概念实际上是同类事物的共同关键特征。同类事物的关键特征可以由学生从大量的同类事物的不同例证中独立发现，这种获得概念的方法叫作概念形成；也可以用定义的方式直接向学生呈现，学生利用原有认识结构中的有关知识理解新概念，这种获得概念的方式叫作概念同化。① 概念形成与概念同化是我们在课堂中让学生获得概念的两种基本方式。

1. 要让学生掌握概念形成的来源

用概念形成的方式去教学概念时，既要关注学生的实际、智力等情况，也要关注学生的认知结构水平。例如，在一个较为偏远和地区，和学生讲有关地铁、高铁之类的问题，学生自然难以理解；同样，对于一个长期生活在城市中的学生也很难去讲清各种蔬菜是如何种植的。因此，对于概念形成的教学，一

---

① 章建跃. 数学概念的获得 [J]. 数学通报，1990 (11)：12-15.

定要扎扎实实引导学生完成概念形成的每一个步骤，只有这样，学生才不会以偏概全，才不至于对概念产生错误的、片面的、孤立的理解，造成知识上的缺陷。为避免这种缺陷的产生，教师通过引导，加上学生的摸索，可以逐步得出概念；引导学生认清概念的内涵后再进行概念的应用。这样的概念形成教学才会让学生学得牢固、学得扎实。

【案例1】

在七年级下册整式的乘除《积的乘方》一章中这一节课中，我设计了以下几个问题。

问题1：

计算：

（1）$10 \times 10^2 \times 10^5$。

（2）计算 $(x^5)^2$。

（3）同底数幂的乘法：$a^m \cdot a^n$。（m，n 都是正整数）

（4）幂的乘方：$(a^m)^n$。（m，n 都是正整数）

"让教"意图：先把之前的知识简单复习一遍，测试学生前两节课的掌握情况，也为新授"积的乘方"埋下伏笔。

问题2：同底数幂的乘法法则与幂的乘方法则有什么相同点和不同点？

"让教"意图：不马上进入新课教学，而是让学生学会对知识进行总结和归纳，学会发现共同点，这也是概念学习的重要一步。

师生活动：为了方便，我们可以画图 1-4-1 协助学生进行总结，让学生知道两者之间的关系和不同。

图 1-4-1

问题3：地球可以近似地看作球体，地球的半径约 6×10^3 km，它的体积大约是多少立方千米？

师生活动1：当学生计算出 $v = \frac{4}{3}\pi \cdot r^3 = \frac{4}{3}\pi \cdot (6 \times 10^3)^3$ 时，很显然，这里的 $(6 \times 10^3)^3$ 就和之前的同底数幂的乘法以及幂的乘方不相符了。这时，解决这个问题就成了必要。

师生活动2：教师问学生：能否运用学过的两个概念去解决这个问题？

得到的回答是显而易见的：$(6 \times 10^3)(6 \times 10^3)(6 \times 10^3) = 6 \times 10^3 \times 6 \times 10^3 \times 6 \times 10^3 = 6 \times 6 \times 6 \times 10^3 \times 10^3 \times 10^3$。

问题4：思考下面两道题。

(1) $(ab)^2$；

(2) $(ab)^4$。

"让教"意图：从上一问中的数字迁移到字母，体现了从特殊到一般、从具体到抽象的数学研究发展思维。通过独立做题，学生可以尝试归纳两者的关系。

追问1：这两道题有什么特点？我们可以应用哪些数学方法展开运算？

"让教"意图：要让学生学会观察题目的特征，找出相同点以及不同点。

问题5：积的乘方 $(ab)^n$ 等于什么？

追问1：三个或三个以上的积的乘方等于什么？$\left[(abc)^n\right]$

"让教"意图：进一步从一般性到普适性去验证这个概念的可行性，让学生学会用学过的交换律、结合律、同底数幂的乘法去验证，同时在学生即将解决问题时追加一个新问题，目的是在学习完概念的内涵后对概念的外延进行探究，强化学生将概念外延到对应问题的可行性、合理性、操作性，以便进一步说明概念的正确性，培养学生的拓展性思维。

问题6：你能够模仿前面的概念用文字把它们表述出来吗？这样的叙述和之前的概念有哪些共同点？

"让教"意图：教师没有包办概念的表述。实际上，如果教师把概念说出来，那显然学生剩下的就是一字不漏地死记硬背字面定义，但通过学生的理解、总结把概念"捂"出来，可能不是很严谨，但却能使学生真正领悟概念。

问题 7：

计算：

(1) $(3x)^2$；

(2) $(-2b)^5$；

(3) $(-2xy)^4$；

(4) $(3a^2)^n$。

"让教"意图： 习题的选择要遵循题目要精选、题量适度的原则，题目要体现典型性和多样性，有一定数量的基本题，由单一到综合，做到循序渐进、由浅入深。

问题 8：太阳可以近似地看作球体，如果用 V，r 分别代表球的体积和半径，那么 $V = v = \dfrac{4}{3}\pi \cdot r^3$，太阳的半径约为 $6 \times 10^5\,\text{km}$，它的体积大约是多少立方千米？（π 取 3）

"让教"意图： 提出的问题与本节课所讲内容前后呼应，让学生独立完成本题。对于这道题，理解球的体积公式并熟记积的乘方的性质是解题的关键。

问题 9：课堂小结→知识点→法则反向应用→运用。

设计意图： 这节课从计算地球质量开始，先引导学生从整体到局部找到积的乘方所需要的逻辑基础，进而构建一个整体的研究思路，然后按照知识的逻辑顺序逐步展开，这样能使学生感受到学习积的乘方的必要性，同时从特殊到一般、从发现到验证、从分析到解决，把对学生的思维培养落到了实处。这样安排符合数学概念的本来面目，体现了数学的整体观和研究思维，这样的课堂，学生自然听得懂，也会做题。

2. 用概念同化的方式去获得概念

概念同化就是利用学生认知结构中原有的概念，以定义的方式直接提示学生概念的关键特征，从而使学生获得概念的方式。概念同化是学生获得概念的主要形式。在学校教学中，学生对概念的学习都是以已有的知识经验为基础来进行的。在这一过程中，认知结构中的原有概念可以为新概念的学习提供一个固定点，当学生在已有的概念和新概念之间建立起一种实质性的、非人为的联系以后，就会获得新概念的具体意义了。

用概念同化方式教学概念时，要防止注入式教学。注入式教学也就是不考虑学生学习认识过程的客观规律，以及他们的理解能力和知识水平，主观地决定教学进程，强迫学生死记硬背，俗称"填鸭式"教学法。事实上，概念同化过程的每一步都应有学生的积极的思维活动参与，而且由于有了定义的导向作用，这种思维的质量较高。奥苏贝尔就把概念同化分为上位学习、下位学习和并列结合学习三种基本形式。接下来请看我在课堂上对概念课的处理。

【案例2】

在北师大版九年级上册《特殊平行四边形》一章的开头有这样一句话："实际上，利用前面学过的公理和定理，我们可以证明许多与四边形有关的结论。"而在人教版这一章中也阐明："利用已有的几何知识和方法，探索并证明它们的性质定理和判定定理；……，即通过观察、类比、特殊化等途径和方法发现图形的几何性质再通过逻辑推理证明它们。"利用已学过的知识去获得矩形的性质就属于概念同化方式。矩形属于平行四边形，这种学习就属于概念同化学习中的下位学习。下位学习又称归属学习，是把新的观念归为认知结构中原有观念的某一部分，并使之相互联系的过程。我们以矩形的性质探索为例进行探讨。

教学问题分析：因为在前面刚学过平行四边形的性质与判定，所以这节课的重点放在矩形性质的探究与证明上，通过观察、度量去发现结论、形成猜想。

问题1：列举生活中类似矩形的生活用品。

设计意图：通过列举把数学和实际生活结合起来，让学生把生活中的常见物品抽象为数学图形。

问题2：上节课研究过平行四边形，你们还记得是从哪几个方面入手去研究的吗？

师生活动：教师引导学生回忆并画出图形，从中得出平行四边形的研究方向，也为后续的矩形研究指明方向。

设计意图：回顾学习经验，明确矩形的研究方向；概念同化的本质就是揭示新、旧概念的内在联系。通过比较新、旧知识的异同点引入新知识，这样可以避免新、旧知识之间的干扰，又有利于促进新、旧知识的学习与巩固。

问题3：前面已学过矩形的基本定义，哪名同学来说说矩形的基本概念并猜想矩形的性质？

师生活动：学生两人一组，一个出示提前做好的矩形纸片，把矩形的定义说出来，另外一个负责板书矩形的定义。

设计意图：教师让学生通过对实际模型的观察将所学知识与日常认知相衔接，又因为前面有了平行四边形探索的学习，已经给研究矩形指明了方向，此时学生的学习就更有针对性了。

问题4：根据定义画一个矩形，观察画出的矩形，你能发现它的边、角、对角线有哪些性质？

追问：小组交流，看各组画出的矩形是不是一样的，得到的结论是否一样。

师生活动：教师引导学生通过观察提出（说出）猜想（一个同学负责写）。如图1-4-2所示，学生产生以下猜想。

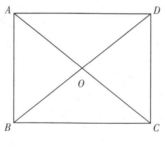

图1-4-2

猜想1：四边形 $ABCD$ 是矩形$\Rightarrow \angle ABC = \angle BCD = \angle CDA = \angle DAB$。

猜想2：四边形 $ABCD$ 是矩形$\Rightarrow AC = BD$。

猜想3：四边形 $ABCD$ 是矩形$\Rightarrow \angle ADB = \angle CDB$，$\angle ABD = \angle CBD$。

……

设计意图：学生停留在观察所得上，这容易受图形特殊性的影响，学生并不一定能完整得出所有有用或有效的性质。这也是学生在概念探索中容易出现的问题，因此在呈现定义性概念的本质特征前，教师一定要充实和丰富学生头脑中同化和理解新概念本质属性的原有知识，哪怕有些是混乱的。

问题5：上面的猜想都是正确的吗？小组讨论一下。

设计意图：教师没有压制学生的想法，也没有直接否定学生的猜想，压制和否定都容易挫伤学生的积极性。让学生大胆猜想，允许学生犯错，让学生把错误犯在课堂上而非考试中。

问题6： 我们认为正确的有两个性质。猜想1：四边形 $ABCD$ 是矩形$\Rightarrow$ $\angle ABC = \angle BCD = \angle CDA = \angle DAB$。猜想2：四边形 $ABCD$ 是矩形$\Rightarrow AC = BD$。你们能证明这两个结论的正确性吗？

设计意图： 引导学生证明猜想，体会证明思路的分析方法和把四边形问题转化为三角形问题的思想。

追问： 通过证明，发现上述两个猜想是正确的，这样就得到了矩形的两个重要性质，你能用自己的语言说出这两条性质定理吗？能说出怎样用性质进行推理吗？

设计意图： 辨析定理，把陈述性知识转化成操作程序。

问题7： 如图1-4-3所示，除了两条对角线相等，你还能得出其他的数量关系吗？

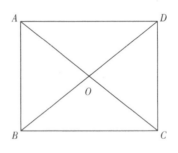

图1-4-3

师生活动1： 学生回答有困难的话，教师进一步引导 OD 在 $\mathrm{Rt}\triangle ADC$ 中是一条怎样特殊的线段，和 AC 有怎样的关系。

师生活动2： 得出矩形的推论，即直角三角形斜边上的中线等于斜边的一半。

设计意图： 带领学生提炼抽象的知识，并引导学生自主进行探究式学习，这一过程便于学生自己体验相关数学概念是如何形成的，并根据自己的理解进行归纳、总结、反思、利用。

问题8： 简单应用，巩固知识。（略）

初中生正处于形象思维向抽象逻辑思维转变的阶段，而在初中数学概念同化的学习中，新、旧概念联系的复杂性、抽象性决定了学生对新概念的建构不可能一步到位。像概念的形成一样，学生对概念的理解也应该遵循感知—表象—抽象的认识规律。

但在实际教学中，很多教师往往采用讲解、记忆、练习、变式的方式进行概念的教学，学生固然能"听得懂"，但因为他们没有真正理解概念的内涵，所以课堂上的练习对他们来说更多的是模仿和记忆，他们并不了解习题是在揭示概念的哪种本质。所以在课后或更久后遇到类似的练习时，学生就无法辨别练习中存在的变化了，做错也就是必然的了。因此，对于概念，我们不但要拒绝灌输式教学，也要杜绝强加的"生成式"教学，只有这样，我们的学生才会真正做到课堂上"听懂了"，课后也"会做了"。

课堂上如果用形成式教学以及概念同化的方式去获得概念，就能让学生按照数学的学习规律去掌握知识。用章建跃博士的话说就是：我们上课要"明道"，简单地说就是要"明数学之道"，也就是遵循数学的学习规律来学习。教师在课堂上运用的"这些性质是怎么发现的""这个方法是如何想到的"等问句就是"明数学之道"的重要组成部分。如果教师都能这样去做，学生对于概念就不单是知道它们的"今生"，还能知道它们的"前世"和"未来"，那他们对数学对象的认识水平就将大大提升，既提高了学习能力又培养了数学素养。在这样的课堂上，学生能听懂，更会做，这正是教师希望看到的。

二、多刷题数学就会好吗？

近年来，有一个关于学好数学的关键词——"刷题"，经常听到成绩好的学生上台做经验介绍时说"数学就是要多刷题"，教师在课堂上教学生时也说"你们就是刷题不够，见识太少，导致数学成绩提不高"。刷题真的那么神奇吗？数学学习真的那么简单吗？确实，关于解题，数学家提出了很多不同的看法。数学家华罗庚说："学数学不做题，如入宝山而空返。"哈尔莫斯说："数学的真正组成部分应该是问题和解，解题才是数学的心脏。"罗增儒说："数学学习中发生数学的地方都无一例外地充满着数学解题活动。"……正因为有这样的论述，教师才对解题教学充满热情（奇怪的是，要求学生刷题，但教师却很少刷题）；学生更是对解题孜孜不倦，仿佛刷题是学好数学的唯一方法。

事实真的如此吗？不可否认，做题对于数学学习真的很重要，一来熟能生巧，二来见多识广。这些固然都没有错，而且不仅数学的学习需要解题，物理的学习也需要解题，英语、语文每一科无一不是如此。解题的过程就是学习新知、发展智力、提高能力的过程，但问题是，数学家们所指的"题"是什么？是教辅资料中那些千篇一律的数学题吗？"题"只需要学生做吗？教师就不需要做吗？

数学大师丘成桐有过深刻的思考，他说："做研究与做题目没有太多关系，奥数金奖只能证明考试的能力，不代表研究的能力，全国为了考试而努力，是个灾难性的问题，看书思考比做题好。"将数学课堂教学异化为解题教学，不仅无法体现数学教育丰富的独特内涵与非凡价值，而且将数学课堂变成了灰色的符号沙漠，让初学者感到既枯燥又难以理解，让他们在走出象牙塔之际，即将所学忘失殆尽。① 既然单纯刷题效果不一定好，但解题又是必需，那我们在教学中应该如何让学生解题呢？怎样的解题才是有效的呢？

1. 问题探究比刷题重要

解题对于学生来说是必要的，但一定不是漫无目的地解，而教师布置学生解题时更应该具有一定的目的性，"出好题，解好题"才是解题的最高境界。教师出题让学生做，教师首先要解一定量的题。章建跃博士说："教师只有先做十道这种题才能出一道此类型的题给学生做。"这句话讲得极有道理，教师只有做了才知道这道题究竟适不适合给学生做，才能探测出这道题的思想。大量重复的题型训练让学生的思维僵化，无暇理解和把握数学知识的实质，只能让学生感到数学的枯燥和无味，更不要说通过做题让学生喜欢数学课了。除此之外，反复做同一类型的题也只会导致学生越发厌倦数学的学习，在反复解某一种类型的题后学生还是总结不出来解这种题型的方法，这样的解题教学说它是失败

---

① 王钦敏. 数学课堂三原色 [J]. 中小学数学（高中版），2012（11）：1 - 3, 6.

的也不为过。

但如果教师通过大量解题总结出每种题型之间的联系，将某一种简单题型通过不断变换，生成不同类型的题目，让学生体会题与题之间的联系和变化，这样的解题显然更有利于学生的发展。下面我选用中山市高艳玲老师的一节二次函数复习课作为范例进行阐述。

【案例3】

如图 1-4-4 所示，抛物线 $y = ax^2 + bx$ 经过点 A（4，0），B（1，−3）。

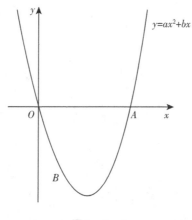

图 1-4-4

（1）求抛物线的表达式。

设计意图：通过解决简单的问题树立学生解题的信心。

（2）点 F（m，0）是 x 轴上的一个动点。

① 点 F 到 y 轴的距离是多少？

② △OFB 的面积等于多少？

③ 是否存在点 F，使得 △OBF 为等腰三角形？若存在，求出点 F 的坐标；若不存在，请说明理由。

师生活动：

师：要怎么去做这种题？

生：先画好图形。（因为原图没有给出来）

师：非常好，第①②小问应该可以解决吧！第③问如何做？

生：我觉得还是要画出图形，但不同的是，因为点 F 是运动的，很有可能在运动过程中产生多种情况，所以，要考虑每一种情况。

师：估计有多少种情况？

生：有三条边应该就有三种情况。

师：非常好！我们继续往下看，大家请看题。

（3）如图 1 - 4 - 5 所示，点 P 是抛物线上的一个动点，作 $PC \perp x$ 轴于点 C。

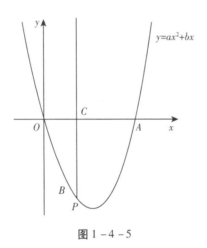

$y = ax^2 + bx$

图 1 - 4 - 5

① 当点 P 在第四象限时，求 $PC + OC$ 的最大值，并求此时四边形 $APBC$ 的面积。

师生活动：

师：$PC + OC$ 的最大值是什么意思？如何去思考？

生1：因为 P 是动点，$PC \perp x$ 轴，我们可以设 C $(m, 0)$，所以 P $(m, m^2 - 4m)$。也就是说，$PC + OC = m + m^2 - 4m$。这很明显构成一个二次函数，可以利用二次函数的最值来解决。

生2：求四边形 $APBC$ 的面积，这里需要求出 P 点的坐标，然后把四边形 $APBC$ 分成两个三角形进行面积的求解就可以了。

设计意图：通过点的运动引出了一系列的问题，因为有前面问题的铺垫，学生解决这种问题会容易些。同时，通过点的运动让学生知道了问题是如何出现的，更加重要的是，通过对 P 点的假设，把一个几何问题转化成了函数问题。

② 如图 1 - 4 - 6 所示，当点 P 在第四象限时，若直线 $y = -x + 4$ 与 PC 相

交于点 D，求 PD 的最大值。

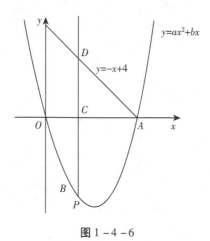

图 $1-4-6$

③ 如图 $1-4-7$ 所示，过点 B 作 $BM \perp x$ 轴于点 M，当点 B，M，P，C 四点构成的四边形是平行四边形时，求出点 P 的坐标。

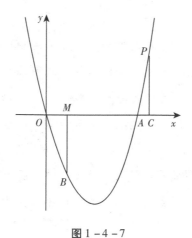

图 $1-4-7$

（4）如图 $1-4-8$ 所示，抛物线的对称轴与 x 轴交于点 E，Q 是对称轴上的一个动点。

① 是否存在点 Q，使得 $\triangle OBQ$ 的周长最短。若存在，求出点 Q 的坐标；若不存在，请说明理由。

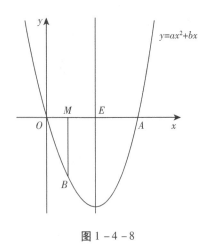

$y=ax^2+bx$

图 1 – 4 – 8

② 是否存在点 Q，使得△MOB 与△EAQ 相似？若存在，求出点 Q 的坐标；若不存在，请说明理由。

③ 是否存在点 Q，使得△OBQ 为等腰三角形？若存在，求出点 Q 的坐标；若不存在，请说明理由。

设计意图：随着动点和线段的增多，问题的复杂性、多样性增强。这样的由一道题引发的不同类型、深浅不一的问题变式训练，对于发展学生思维有很大的帮助，能让学生更方便地剖析问题的本质。

《数学课程标准》中指出："学生学习应当是一个生动活泼的、主动的和富有个性的过程。"要处理好教和学的关系，就要充分发挥学生的主体作用，打造以学生为中心的课堂，课前安排预习，收集资料，提出问题；课堂留有充分的自学时间，根据相关学习任务组织相应的合作小组，让学生在自主学习的基础上交流研讨、操作实践。

本节课在对二次函数进行复习的过程中没有像以往那样直接让学生去做不同的练习，然后教师进行评讲。这种让学生模仿教师解题的方式，并不能让学生真正弄懂解题的目的；而教师把各种解题的技巧、方式硬塞给学生，至于学生能否接受和消化，教师并没有去理会。

首先，在本节课的设计中，由一道题出发，让教师和学生发挥想象，构建了一个数学学习活动。针对题目，师生从知识结构出发，在二次函数的基础上通过点和线的运动去构建、发现线和线之间的关系，通过这些关系得出不同的问题。在活动过程中，学生参与度高，不仅掌握了知识，还发展了合情推理的能力。学生在研讨中得出问题，实践了"让教"于生的教学主张。

其次，我们知道，在数学中，把繁复的问题化为简单的问题相对容易，而把简单的问题转化为复杂的问题需要我们有更丰富的知识以及系统归纳的能力。我们知道函数的本质是对应，函数是用代数（或几何）的方法去解决几何（或代数）问题的一种形态，只要在函数中有不同的点，那么就应该会出现不同的对应情况，由此产生其他问题。

学生在理解了这个关键点后，剩下的就是多尝试了——从数学知识出发构建函数与几何相联系的思维情境。学生不需要对情境进行过多的数学处理，可以直接从已有的知识发现新问题。例如，从表达式到三角形面积和等腰三角形的种类，一切都是在运动过程中，且都能和三角形的结构相联系，当三角形的问题解决后，可以回到线段本身找出它们的最值等，这些无一不是和抛物线紧密联系的。当然，学生的尝试不会是一蹴而就的，需要教师先对题目进行变式、编解，教师能完全弄懂才能更好地指导学生，才能编出更好的题目来。

最后，本题思维的情境还可以有后续，如可以将线段 *MB* 旋转一定的角度后问"是否会落在抛物线上"……在探索的过程中，学生必然会体验到函数问题与问题对应的关系，将其情境延伸时，学生马上能够认识到函数的本质就是对应，只要在图象中有更多运动的点，问题自然就会接踵而来，使学生学习函数有一个好的开端。

2. 习题变式比刷题重要

华东师范大学亚洲数学教育中心主任范良火教授认为："一定量的练习是必要的，但不是刷题，因为'刷题'这两个字本身往往有一些负面的东西在里面。如果学生真的理解了，就不应该老是重复。"简单、重复地刷题无法让学生体会到数学的美。解决这个问题，最好的办法是我们在教学上对经典题、例题、练习题进行变式，旨在充分挖掘原题的附加值，增值提效。通过将知识点纵横联系，引导学生多思多想，养成在学中求异、学中求变的习惯，触类旁通，使学生对问题的实质有更深的理解，建构有条理的知识体系。①

波利亚曾形象地指出："好问题如同蘑菇般成堆地出现；找到一个后，你应当在周围找一找，很可能附近还有好几个。"确实，刷题犹如把眼前一眼能看到的蘑菇都采走了，但草丛中的呢？藏起来的呢？如果我们既不去采也懒得去采，时间长了，习惯了，能采到的就采，采不到的就不再去找，我们的眼中就只有一个蘑菇了，就会失去了整片蘑菇。采蘑菇如此，学习也是一样。变式训练可以让学生从简单、枯燥、重复的练习中抽身出来。教师通过对练习进行改编，一来可以知道学生对同一类型练习的理解和掌握情况；二来也可以让学生通过变式掌握不同的解题方法，培养学生良好的学习习惯与思维品质。

【案例4】

如图 1-4-9 所示，等边 $\triangle ABC$ 中，边长为 6，D 是 BC 上的动点，$\angle EDF = 60°$.

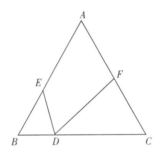

图 1-4-9

(1) 求证：$\triangle BDE \backsim \triangle CFD$；

(2) 当 $BD = 1$，$FC = 3$ 时，求 BE。

此题不是太难，在学生完成此类题目时，教师不要简单地认为这种题型对于学生来说问题不大。考虑到此题的条件比较特殊，所运用的知识也较为易懂，我们可以继续对此题进行深入的研讨。

师：同学们，如果此题我们要变更一下条件，大家觉得如何变更会好一

---

① 王锋. 例说"变式练习"在数学教学中的应用 [J]. 中学课程辅导（教学研究），2013（8）：121-122，124.

点呢？

（讨论中，一段时间后）

生1：可以尝试把△ABC从等边三角形转换为一般三角形。

生2：也可以尝试把等边三角形转换为等腰三角形试试。

师：非常好，我们不着急转换为一般三角形，可以先尝试用生2变更后的等腰三角形来试试！来看题。

变式一：如图1-4-10所示，在△ABC中，AB = AC = 8，BC = 10，D是BC边上的一个动点，点E在AC边上，且∠ADE = ∠C。

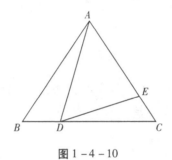

图1-4-10

（1）求证：△ABD∽△DCE；

（2）如果BD = x，AE = y，求y与x的函数解析式，并写出x的取值范围。

师：看出两题之间的相同和不同了吗？如何解这种题型？

生1：由等边三角形变为等腰三角形，意味着没有60°了，但还是说明这两个角相等，因此，条件其实是没有变化的。

生2：尽管图形稍微有点变化，但结构还是一样，因而两题的求证方法大致相同。

生3：最大的变化在于把具体数字变成字母，还要求取值范围。

生2：这个不能算变化，只能算进化，本质还是求相似以及通过相似得到其他结论。

师：好！同学们现在做一做吧……做好了吧？还能尝试其他的变式吗？

生：我觉得我们的思维不一定总是放在三角形上，考试也可能出现其他形状，如四边形，有没有可能在四边形中运动呢？

师：这名同学提供了一个很好的思路，我们先从正方形开始吧，大家设计一下，找出好的变式提供给大家练习……

变式二：如图 1 – 4 – 11 所示，在正方形中，$AB = 7$，P 为 AB 上一动点，当 $EP \perp PF$ 时，请问 $\triangle EAP$ 和 $\triangle FPB$ 相似吗？

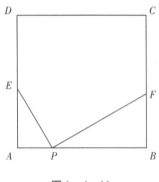

图 1 – 4 – 11

"让教"意图：从等边三角形到正方形，从 60° 到 90°，好像是两种不同的题，但仔细读来，形状和条件虽然都发生了改变，但利用内角和的条件以及证明相似的结论都没有发生改变。

变式三：如图 1 – 4 – 12 所示，在正方形 $ABCD$ 中，E，F 分别是边 AD，BC 上的点。$AB = 7$，$AE = 2$，$BF = 3$，要使 $\triangle PAE$ 与 $\triangle PBF$ 相似，求 AP。

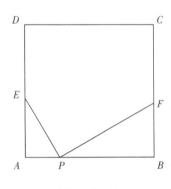

图 1 – 4 – 12

"让教"意图：这道题学生很巧妙地改变了角的条件，把条件换成了线段，条件改变了但题目的本质没有改变，还是以相似作为一个载体去解决问题。

变式四：如图 1 – 4 – 13 所示，在正方形 $ABCD$ 中，E，F 分别是边 AD，BC 上的点。$AB = 7$，$AE = 2$，$BF = 3$，当 P 点移动到 BA 的延长线上时，要使 $\triangle PAE$

与△PBF 相似，求 AP。

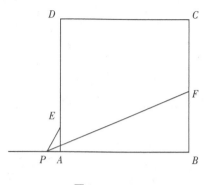

图 1 - 4 - 13

"让教"意图：学生受到上一题的启发，考虑到 P 是动点，则其移动方向不限于线段 AB 内，可以往 AB 线段外移动，既可以沿 AB 方向移动也可以沿 BA 方向移动，通过移动构造出三角形去验证是否有三角形相似。这样的变式思路让学生对题目不再感到害怕。

一节课很快在变式和练习中度过了，学生思维的开阔性令我惊讶。在本题中，还有不少学生把原图变为长方形甚至是等腰梯形，结论也不限于相似，包括什么时候构成等腰三角形或直角三角形、所组成的三角形和另一个三角形的倍数关系等。

在变式过程中，学生始终围绕着"图形改变，方法不变"进行改编，特别是在四边形的改编中，围绕"一线三等角"这种数学模型去变，师生在做这种题时理解了"一线三等角"这种数学模型的"通性通法"，对于学生之后的练习会有很大的帮助。

长期进行这种变式训练，学生从"变"中可以体会"不变"，抓住知识的本质；从"变"中品味可以这样"变"，灵活掌握知识，领悟一些常用的数学思想；从"变"中辨析知识的异同和知识间的联系，形成良好的知识网络。这既能让学生总结解题规律，促进学生掌握解题的方法与技巧，提升学生的思维能力，把学生从题海中解放出来，又还原了数学教学应有的科学性和趣味性。既然有如此多的好处，我们还有什么理由不把课堂交给学生，让教师和学生共同来完成一节课呢？

第 二 章

"让教"在课堂上的运用

第一节 "让教"从范教开始

内容导读

范，也就是示范。学生的学习都是从模仿开始的，体育课上教师对某些标准动作的分解就是一种示范，课堂里的"让教"更需要教师精准的示范。有效示范可以提高教学效率，也能使学生学得更轻松；有效示范可以让学生在"让教"中目标明确，让学生教得准确。

初中生介于小学生和高中生之间，他们渴望像高中生那样有独立的思维、开阔的视野，希望得到家长和教师的认可。但同时，他们保留着很多小学生的思维模式，还没有从直观思维发展为抽象思维。如果课堂上直接让学生去讲、去组织，显然不是在锻炼学生，反而有可能摧毁学生的自信心。因此，课堂上，教师要多做示范，让学生在模仿中体会、在体会中理解，最后在理解的基础上实践。

叶圣陶先生曾说："教师之为教，不在全盘授予，而在相机诱导。"在教学过程中，教师不仅要让学生学会，更要让学生会学。而要会学，教师首先要做好示范。讲到示范，很多教师觉得这不是语文、物理等科目才有的吗？语文教师可以示范如何阅读、如何朗诵，物理老师可以示范如何做实验……数学课上如何示范呢?

其实,我们上的每一节课对学生来说都应该是一节示范课,教师的言行举止都是学生模仿的对象。具体到课堂教学,我们发现,越是思维严谨、课堂教学有条理的教师,教出来的学生做事越井然有序、条理清晰;而随意性强、不注重细节的教师教出来的学生可能做事也是松松散散、凌乱不堪。这些其实都是教师在课堂上所起到的示范作用所带给学生的附加结果。在"让教"的过程中,教师更要注意在课堂上的言行举止。

示范是传授社会行为最有效而且效率最高的方式,示范的形式多种多样,包括放电影或录像,通过书籍和故事进行口头演示,以及进行现场示范,等等。而对于课堂来说,现场示范是最实际、最灵活的一种形式。现场示范的种类多样,教师平时教学细节上的讲授、提问、释疑、步骤的整理均能体现教师对教学的处理,教师的课堂习惯、教学仪态、板书、教具的使用都是学生观察和模仿的对象,而教师人格魅力的展现、学科知识的丰富、三观的正确引导更会对学生产生一辈子的影响。这些都是在教师的言行举止中完成的,因此,教师的示范作用对学生的影响是巨大的。

对于课堂上的"让教",教师更要做好示范。由于每个学生的知识能力、认知能力并不相同,是否需要让全班学生轮流来教值得考量。但教师可以组织部分适合"让教"的学生,让其观察教师的范教,懂得授课先从模仿开始。对这部分学生进行培训,从授课时的站姿、仪态、书写逐步上升到审题、思路和步骤,通过一段时间的培训让学生分担教学。教师在课堂上观察学生教学,对学生的讲解进行适当的点评,甚至可以把学生的讲解拍摄下来,通过社交网络发给家长,既可以作为纪念,又可以起到促进作用。对于学生认为较难的知识点或能力没有达到的学生,教师可以不"让"或可以"小让",选择知识点的若干角度和侧面,与学生共商教法,让学生把对某个知识点的理解拿出来说一说。这些都是"小让",虽然辐射面不太广,但对学生能产生很好的促进作用。

一、教学方法的示范

教学方法各种各样,"教无定法,贵在得法",针对不同的学生,我们在教学中可以采取不同的方法，但对于与学生共享教学时间来说，"让教"本身就是一种教学方法。要培养学生，使其在课堂上独当一面，教师就是一面很好的镜子，教师怎么讲题、思路如何，甚至是一些细节，都能在学生的讲课中很好地体现出来，因此，教师的课堂示范显得至关重要。

1. 讲题从审题开始

审题是正确解题的开始，一道题能否解出来，读懂题目意思很关键。在实际教学中，很多学生对审题理解不到位，错误地以为读完了题目看看有没有不认识的字就算是审题完毕，连题目的问题是如何问的都没搞清楚，更不要说理解题目的内在含义了。

做一道题，审题的时间不应比写过程的时间短，这就是我们经常强调的"审题要慢，做题要快"。就好比一位优秀的设计师、一个杰出的画家，一定是在心中已经构思好了每一笔、每一画的先后顺序才动笔实施。数学解题也是一样，方法有了，方向确定了，再去实施就会容易很多，容易做到事半功倍。在初中数学解题过程中，如果第一遍审题出错导致解题错误，在检查中重新改正是非常难的，因为审题形成的定性思维是很难改变的。因此，在日常教学中培养学生的审题能力也是"让教"的首要条件。

（1）提升课外阅读能力

阅读的重要性不言而喻，限制学生解题能力进一步提高的有时恰恰就是阅读，但往往很多教师认为阅读关系到语文学科，和数学的关系不是很大。实际上，阅读关乎每一科。试想，一个学生如果连题目都无法看懂，又如何去做题呢？而看懂题目首先要做的就是提高阅读能力，越到高一层次的学习，阅读能力的高低体现得就越明显，可以说阅读是解题的起步，也是培养审题能力的开始。通过读题，学生明确题意，为进一步思考做准备。指导学生阅读题目时，教师需指出题目说的"是什么"，发生过程"怎么样"，最后需要"解决什么"，必要时对关键字眼特别做记号，并把重点读出来。[①]

---

① 刘保群. 数学审题的三个习惯 [J]. 湖北教育（教育教学），2018（8）：54.

【案例1】

我在评讲练习"已知 m 是绝对值最小的有理数，且 $-2a^2b^{y+1}$ 和 $3a^xb^3$ 是同类项，试求多项式 $2x^2-3xy+6y^2-3mx^2+mxy-9my^2$ 的值"时没有直接去评讲题目而是和学生一起尝试去读懂题目。

师：关键词语有哪些？能画出来吗？

生："绝对值""最小值""同类项"以及"求值"。

师：非常好，如何去理解这几个关键词？

生1：绝对值的结果是非负的，因此不会是负数，非负的最小就只有0了。

生2：同类项指的是相同字母的指数一样，所以 a 和 b 的指数是一样的，由此可以求出 x 和 y 的值。

生3：求值可以直接求，也可以考虑先化简再求。这道题中不能合并同类项，所以直接把刚才求出的 m、a、b 代入进去基本就可以了。

在这道题中，我尝试让学生把自己认为重要的、关键的点画出来。当然，关键点不等于把条件都画出来，如果这样，那画的意义只在于不漏掉条件而已，重点就不够突出了。因此，教会学生读题，教会学生画关键点，并让学生知道如何把关键点转化为做题可用的条件，这才是画关键点所看重的。当然，对于难度较大的题目，有时候就算学生把关键点画出来，受认知能力的限制，他们可能还是无法完成这道题。此时，教师除了让学生思考，把自己的思路和学生分享就显得尤为重要了。

【案例2】

达州市凤凰小学位于北纬21°，此地一年中冬至日正午时刻，太阳光与地面的夹角最小，约为35.5°；夏至日正午时刻，太阳光与地面的夹角最大，约为82.5°。已知该校一教学楼窗户朝南，窗高207cm，如图2-1-1（1）所示，请你为该窗户设计一个直角形遮阳棚 BCD，如图2-1-1（2）所示，要求最大限度地节省材料，夏至日正午刚好遮住全部阳光，冬至日正午能使射入室内的阳光不被遮挡。

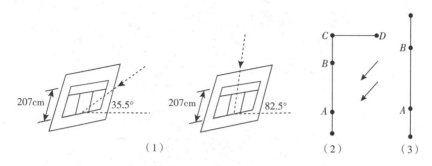

图 2-1-1

（1）在图 2-1-1（3）中画出设计草图。

（2）求 BC，CD 的长度。（结果精确到个位）（参考数据：$\sin 35.5° \approx 0.58$，$\cos 35.5° \approx 0.81$，$\tan 35.5° \approx 0.71$，$\sin 82.5° \approx 0.99$，$\cos 82.5° \approx 0.13$，$\tan 82.5° \approx 7.60$）

这是达州市 2014 年的中考题。在某次测试中，试卷上有这一题，结果，能顺利做对的学生并不多，学生反馈不会做的原因是文字太多了，根本不知道哪些信息是有用的，哪些信息是对做题帮助不大的。因此，课堂上教师就和学生一起来审题。

师：这道题文字很多，但起关键作用的词应该有哪些？能画出来吗？

生 1："冬至日正午时刻""太阳光与地面的夹角""夏至日正午时刻""太阳光与地面的夹角"。

生 2：窗高 207cm。

生 3：我觉得最关键的词语应该是"夏至日正午刚好遮住全部阳光，冬至日正午能射入室内的阳光不被遮挡"。

师：这些都是条件，如何画出图形呢？

生：（感到困难，无法作答）……

师：如图 2-1-2 所示，我们可以这样尝试，先不考虑遮阳棚，在窗口 A 和 B 处把冬至阳光和夏至阳光照射图画出来，再对比一下。

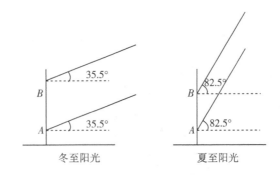

图 2 - 1 - 2

师：如果不限材料，当然做冬至阳光那样长就好了，但题目要求最大限度地节省材料，所以，我们可以把两个图形结合起来看，把用不上的光线去掉。

师：当两个图形重合在一起时，我们就可以发现冬至阳光和夏至阳光所交的点到 AB 的距离就是所用材料最少时遮阳棚的长度（图 2 - 1 - 3）。

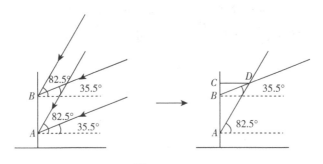

图 2 - 1 - 3

在这种题中，学生的问题在于无法正确地画出图形，此时，教师的示范作用就非常重要了。通过这样的教法，学生能明白 *CD* 的长度是如何得到的，至于后续如何求 *CD* 的长度反而不是这道题的难点。对于学生难以理解的，就需要教师去教会学生，抓住题目的难点进行必要的示范，再利用辅助性的语言提示，使学生养成良好的审题习惯，最终提升学生的审题能力。

（2）养成良好的审题习惯

除了画线找重点，多元化、程序化地思考问题也是审题的一种习惯。数学是一门内容深且广，包含知识点多且杂的学科，单从某一个角度去理解题目，或者只看到条件的表面而没理解内涵，都会导致学生解题出错。多角度地审题包括条件上图、条件转换、挖掘隐含条件等。

① 条件上图和条件转换。条件上图和条件转换对于几何的审题效果比较明显，特别是对于七年级的学生来说，这两个习惯必须养成。因此，课堂上教师应该在教学中发挥示范作用。好的示范作用不但为以后"让教"埋下伏笔，也为学生养成良好的习惯打下基础。

条件上图比较容易理解，而对于条件的转换，我在解题教学时不着急把题目全部读完，而是每读一个条件就由这个条件得出相关的结论，并把得出的结论写出来或在图形上标出来，养成一种先个体再整体、先部分再全部的读题习惯。这样的审题、读题有利于避免遗漏条件以及使条件之间相互串联，对于七年级的学生非常有效。当学生习惯了这种思维的发展和整理，遇到较难题目时就不会有无从下手的感觉了。例如，在讲授一道有关三角形的题目时，我并没有直接去讲授这道题如何做，而是从读题、审题、条件上图开始。

【案例3】

如图 2 - 1 - 4 所示，在△ABC 中，∠A = 62°，∠B = 74°，CD 是 ∠ACB 的角平分线，点 E 在 AC 上，且 DE ∥ BC，求 ∠EDC 的度数。

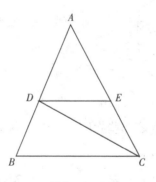

图 2 - 1 - 4

师：哪名同学可以上来读题、审题？

生1（上来边读边画边讲）：∵ ∠A = 62°，∠B = 74°，∴ 可以得到∠ACB = 180° - 62° - 74° = 44°。CD 是 ∠ACB 的平分线，可以标出来（图 2 - 1 - 5）。

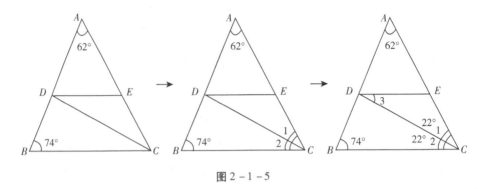

图 2 - 1 - 5

生 1：∴ ∠1 - ∠2 = 22°，又 ∵ DE ∥ BC，∴ ∠3 = ∠2 = 22°，而 ∠3 = ∠EDC。

至此，这道题就完成了，剩下的就是把过程写得更加有条理和有序了。

从上题的审题过程可以明显看出，由于养成了良好的审题习惯，学生对于条件上图、条件转换非常熟练，对于条件较少、条件之间的变化不多的题目是较容易解决的；对于较难的题目，学生做起来也得心应手。可以看出养成良好的习惯对于解决几何题是有较大帮助的。

② 挖掘隐含条件。隐含条件是指没有明文表述出来，但是根据已有的明文表述可以推断出来的条件；或者是没有明文表述，但是该条件是一个约定俗成的条件或者公理的条件。在数学问题中，隐含条件是相对于显性条件而言的，是数学问题中已知条件没有明确指出，但对解决问题起到关键作用的一些条件。我们在做数学题时，经常忽略那些隐藏在数学问题中的隐含条件，从而认为题目是难题。

所以，在解决以数学公式、概念、定理作为隐含条件的问题时，要充分考虑数学公式的定义与意义，成功发掘问题的隐含条件，结合问题的隐含条件解决数学问题。而要挖掘隐含条件，必须具有扎实的数学基本知识、多样的解题技巧和严密的数学思维。运用隐含条件时，要恰到好处，运用自如，才能使解题水到渠成，结论完美自然。①

---

① 吕建军. 浅谈如何挖掘数学问题中的"隐含条件"[J]. 教师，2014（21）：51.

【案例4】

已知 $(a^2+b^2)^2+(a^2+b^2)-12=0$，求 a^2+b^2 的值。

师：哪名同学能来讲一讲这道题？

生1：我觉得可以化简（先去括号）得到 $a^4+2a^2b^2+b^4+a^2+b^2-12=0$。

生1：但这是一个四次方程，好像很复杂。

师：这样看来，先化简这种方法似乎行不通，是题目出错还是另想他法？

生2：不要去括号，去括号会增加方程的次数，而我们解方程的目的是降次，所以不应该去括号。

生2：我观察到有两项都含有 a^2+b^2，可以尝试设 $x=a^2+b^2$，那这个方程就变为 $x^2+x-12=0$。解出这个一元二次方程后，再把结果代入 $x=a^2+b^2$，就可以求出 a 和 b。

生3：我求出 $x=-4$ 和 $x=3$ 两个根，再代入进去就可以了。

师：同学们听懂这两名同学讲的了吗？（懂了，讲得很清晰）

师：还有其他问题吗？

生4：我觉得 -4 不行，因为 $-4=a^2+b^2$ 是不成立的。

生4：a^2 和 b^2 是两个平方，只能是非负数，所以……

这是一道典型的运用整体解法的题目。这道题主要涉及两个陷阱：一个是很多学生并不知道需要用换元法来解决此类问题；另一个是会直接运用换元法将 a^2+b^2 换成一个未知数 x，将原来的方程式变成 $x^2+x-12=0$ 后得到 $x=-4$ 和 $x=3$ 两个结果，但并没有考虑得到的结果 $x=-4$ 是错误的，这时要注意发现题目中隐含的条件，避免掉入题目的陷阱。

【案例5】

在直线 L 上取 A，B，C 三点，如果 $AB=5$cm，$BC=3$cm，点 O 是 AC 的中点，求 OB 的长度。

师：我们来看看这道几何题，哪名同学来带大家读题和理解？

生1：重点词有"A，B，C 三点""$AB=5$cm，$BC=3$cm，点 O 是 AC 的中点"。我们应该画出图形以便更好地理解。

生2：画好图（图2-1-6）后，条件上图，可以求出 $OA=OC=4$，所以，

$OB = AB - AO = 5 - 4 = 1$。

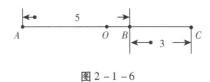

图 2 - 1 - 6

师：没错，在做题时大部分同学都是这样做的，但再想想，这样完整吗？

（小组合作一段时间后）

生 3：我觉得还有一种可能，题目说在直线 L 上取 A，B，C 三点，但其实并没有说这三点是按何种顺序来取的，生 1 默认了 A，B，C 这个顺序，但也有可能是 A，C，B 的顺序，我画图出来（图 2 - 1 - 7）。

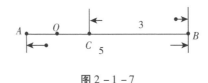

图 2 - 1 - 7

这道题是较为典型的条件隐含型题目，题目是 A，B，C 三个字母的排列，所以学生就认为图形中三个点也是按照这个顺序来排列的，这也就给学生造成一种假象，使学生以为只有一种情况。学生并没有读出题目字句里表达的分类情况。

实际操作中，考虑到班级学生的认知水平，为了让学生仔细地研究出题者所给定的问题条件，推敲问题的隐含意思，寻求解决问题的思路，教师不能直接帮学生读题和审题。因为教师的正确审题对学生没有太大的意义，只有让学生自行去审题，当其在审题中认为自己是正确的，而通过小组讨论、教师的指导发现自己是错的时，教训才是深刻的。学生在审题中能够留意到问题里条件的变化，并把所学数学知识逐步运用到解决这些变化的问题中时，犯低级错误的现象自然就能不断减少。

2. 不能忽视的答题步骤

数学学科在提高人的推理能力、想象力和创造力等方面有着独特的作用，而有条理的规范表达是提升数学能力不可或缺的一步。① 中考解答题是按步骤给分的，步骤分比答案分要多得多，所以在平时的数学教学中，学生应特别注意解题过程中步骤的严谨和规范，尽量做到表达准确、考虑周密、书写规范、语言科学，写清得分点，清楚地呈现自己的思维过程。否则，会做的题目因为平时不注意准确表达和规范书写而得不了分，像这样的例子在学生考试、练习中比比皆是。因此，教师在平时的课堂教学中要让学生规范书写，而教师的示范性格式就显得尤为重要了。

数学解题的规范性包括审题的规范性、表达的规范性两方面，这里重点就表达的规范性进行阐述。表达的规范性主要指在解题过程中的语言叙述必须规范，规范的语言叙述应步骤清楚、正确、完整、详略得当、言必有理、符合逻辑。数学语言有其独特的表达方式，和其他学科有明显的区分，既不能仿照语文用文字进行叙述，也不能叙述得逻辑混乱。数学的答题步骤最重要的就是严谨性和逻辑性。严谨性表现为不能随意跳步、漏步，逻辑性体现为步步紧扣、环环相连。而要做到这几点，就需要教师在平时积极培养学生数学语言的严谨性和逻辑推理能力。

【案例 6】

佛山市考中有一道题：如图 2-1-8 所示，利用二次函数的图象估计一元二次方程 $x^2 - 2x - 1 = 0$ 的近似根（精确到 0.1）。应该说这道题难度不是特别大，考查的是一元二次方程与二次函数之间的联系，利用二次函数图象求一元二次方程的近似根，涉及估算与验根的知识。解这道题的方法多样，可以转化为求函数 $y = x^2 - 2x - 1$ 与 x 轴交点的横坐标，也可以转化为求函数 $y = x^2 - 2x$ 与直线 $y = 1$ 交点的横坐标，或转化为求函数 $y = x^2$ 与直线 $y = 2x + 1$ 交点的横坐标来进行求解。但由于对题意理解不清或平时答题不够规范，一些学生得出的结果与正确答案有很大的出入，我们选取一名学生的答题步骤来看看。

① 董汉民. 规范解答数学题 [J]. 高中生学习（高三文科），2012（2）：58-61.

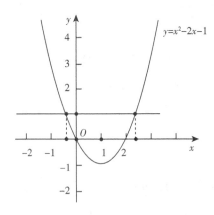

图 2-1-8

解：对于一元二次函数 $y = x^2 - 2x - 1$ ，列表可得：

表 2-1-1

x	3	-1	1	2	0
y	2	2	-2	-1	-1

从表中可得方程组的解为 $(3, 2)$ $(-1, 2)$ $(1, -2)$ $(2, -1)$ $(0, -1)$

∴ $x^2 - 2x - 1 = 0$ ，

∴ $x^2 - 2x = 1$ ，

∴ $(x-1)^2 = 2x - 1 = \pm\sqrt{2}$ ，

∴ $x = 1 \pm \sqrt{2}$ ，

∴ $x_1 \approx 2.4$ ， $x_2 \approx -0.4$ 。

从上面的解答过程来看，学生是矛盾的，既想通过图象法来解决这道题，又想通过解方程来进行解答，这就产生了不严谨的解答。实际上这道题是不能直接用方程来求解的，严谨的、标准的、具有逻辑性的过程可以这样写：

解：∵ 二次函数 $y = x^2 - 2x - 1$ 中 $a = 1 > 0$ ，

∴ 抛物线开口方向向上，

对称轴 $x = -\dfrac{b}{2a} = 1$ 。

如图 2-1-9 所示：

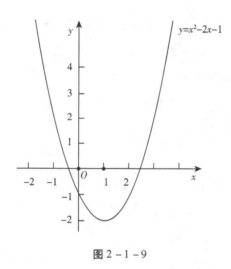

图 2 - 1 - 9

$x^2 - 2x - 1 = 0$ 的近似根为 $x_1 = -0.4$，$x_2 = 2.4$。

画出图象后用估算法来判断本道题的答案即可。

二、教学技巧的示范

如果说教师在教学方法上的示范作用不是一朝一夕就能显现的，而是需要学生在教师长期的浸润下形成的一种成果，那么相对于教学方法的内在素养，教学技巧这种外在素养的培养同样能体现教师的职业素养。教学技巧包含教学仪态、板书设计、细节教学等，它可能不会对知识的获得、定理的推导、公式的产生等起决定性的作用，但"师者，所以传道受业解惑也"，授业解惑在后，传道在先。"身教大于言教"，教师在课堂上的穿着打扮、仪态、语言、举手投足都足以引起学生的模仿，教师的这些示范作用也会直接对学生的三观产生一定的影响。

在"让教"过程中，教师就是学生模仿的对象，如果教师课前不认真备课，就不要指望学生讲的时候准备充分；教师对板书应付了事，写得潦草，又如何要求学生写出工整、严谨、漂亮的板书呢？换言之，教师在课堂上的一切动作都会影响学生，而要让学生去讲、去做，教师除了平时注重细节，加强对学生良好习惯的培养也是至关重要的。

1. 端正教学仪态

礼仪是一个国家、一个民族的文明程度、社会风尚和道德水平的重要标准。

古人言"礼者，人道之极也""不学礼，无以立"，教师在课堂上的言行尤为重要。教师礼仪是指教师在从事教育、教务活动，履行职务时所必须遵守的礼仪规范。教师礼仪具有以下特点：一是具有鲜明的强制性，只要是教师就必须遵守；二是具有强烈的形象性，包括职业形象、学校形象、个人形象等。①

（1）穿衣戴帽，大方得体

着装是教师最显而易见的身体语言。由于职业的要求，教师的服装应以庄重得体为主，但教师穿得过于沉闷死板容易造成课堂气氛的压抑，而过度时尚的装扮又会模糊教师的身份，容易分散学生的注意力。所以，教师的着装最重要的是一个"度"。正如孔子所言，"见人不可以不饰，不饰无貌，无貌不敬"。教师的穿着直接影响着学生对教师的看法，干练清爽的职业套装或者色彩简明的休闲服饰都能给人一种自然大方、亲切严谨的感受。

（2）仪态端庄，动作规范

课堂是增进师生关系最好的场所，教学的内容主要是依靠教师的表情、语言、动作来体现，教师规范的教学姿势能让学生如沐春风，可以说教师的举手投足都反映着教师的修养和教学技能水平。

众所周知，亲切、自然的表情是人与人愉快沟通的重要身体语言。学生更愿意亲近和信任一位时常面带微笑的教师，在他的课堂上也更能专注投入，学习效率自然会有很大提高。② 因此，当课堂上学生答对了问题时，教师小小的微笑能给予学生无穷的鼓励；当学生答错时，教师的微笑能化解学生的尴尬，给学生以信心。同样，教师在教学时侧身站在黑板前，一边板书一边用眼睛"扫视"学生，既能发现开小差的学生，又能捕捉到心存疑惑的学生的眼神。至于揉鼻子、打哈欠、挠头发、玩笔这些小细节看似无关紧要，但也可能分散学生的注意力，教师要经常性地提醒学生。教师平时的教学习惯良好，"让教"的学生自然会看在眼里、记在心里、学在行动里，教师的行为自然会起到良好的示范作用。

在课堂上，教师语言的感染力是最强的，同时，它的"杀伤力"是不容忽

---

① 符永. 浅论教师课堂教学礼仪［J］. 中小企业管理与科技，2013（15）：198－199.
② 张春霄，刘辉. 德行广大而守以恭者荣——浅议教学活动中常见的消极身体语言［J］. 新课程（下旬），2018（11）：222－223.

视的。

【案例7】

某次班会课正在进行"每周德育之星"的颁奖环节，颁奖嘉宾是积分银行的两位行长（学生）。颁奖过程中，一个调皮的孩子跳起来，用洪亮的声音喊道："Everybody 看过来，接下来我们隆重有请三位获奖选手登上我们梦寐以求的颁奖台！"整个班也随之出现了类似的声音："请积分银行的两位行长为我们颁奖。""请留步，拍照留念！"同学们哄堂大笑，全然忘了这是一个光荣而严肃的时刻。

教师按照以往的一些做法，可能会采用怒斥调皮学生的方式。怒斥后，调皮学生当然会安静下来，但班级的颁奖氛围也由此被打破。看看这位班主任的做法："既然这么有主持的天赋，那我们下一次就让他来主持我们的班会课。"一句肯定的话既纠正了调皮学生的行为，又避免了班级气氛陷入尴尬。

2. 强化教学板书设计

板书是我国传统的教学形式，也是我国教育文化的精髓，在教学中发挥了非常大的作用，有效推动了我国基础教育的发展和进步。但随着多媒体进入课堂，特别是平板的使用、翻转课堂教学模式的盛行，在现在的课堂上，很多教师已不注重板书的设计和书写，不少教师一节课下来别说板书设计得有多好，甚至连标题都没有，学生上完一节课连本节课的主干都没搞清楚。在科技迅速发展的今天，传统的黑板板书已日渐式微，但板书真的没用吗？我们"让教"于生时是不是也让学生直接讲而不用写呢？显然不行，只表达而不书写的"让教"课堂只是一个花架子。板书，才能把课堂的知识体系体现出来。

（1）合理利用黑板，有效设计布局

《数学课程标准》指出："无论是设计、实施课堂教学方案，还是组织各类教学活动，不仅要重视学生获得知识技能，而且要激发学生的学习兴趣，通过独立思考或者合作交流感悟数学的基本思想，引导学生在参与数学活动的过程中积累基本经验，帮助学生形成认真勤奋、独立思考、合作交流、反思质疑等良好的学习习惯。"由于时代的快速发展，越来越多的教师不再重视板书，有的只是为了解几道题目或者是公开课时写给听课老师看的。好的板书应该布局合理，内容高度概括，使学生能对当节课所学的知识点一目了然，这就要求教师在上课时对板书布局有一个整体设计，不能写到哪里算哪里，这样的板书对学生学习所起的作用是很小的。

写板书当然不是把整节课的内容都写下来，而应当是边写边擦，把不需要的、不重要的内容擦去，留下高度浓缩的本节课的精华。板书的有效、合理设计能给学生一种享受，更能对学生起到示范作用，对学生学会总结、归纳、拓展有较大的影响。

（2）板书形式多样，注重思维启发

不同的教师对板书的设计有不同的理解，但总体来说，数学课上的板书分为以下几种："提纲式"板书——注重构建知识框架，"逻辑式"板书——凸显数学思想，"雕塑式"板书——形神兼备的艺术享受……应该说，针对不同的内容，我们会选取不同的板书形式。例如，学习一元一次不等式的解时，我们可以运用对比式，将一元一次方程和一元一次不等式的解法进行左右对比，让学生观察、发现两者的相同点和不同点，以利于学生后续的学习。再如，在《根的判别式》一课中，我们可以采用"提纲式"板书：

一元二次方程 $ax^2 + bx + c = 0 (a \neq 0)$ 中，$\Delta = b^2 - 4ac$。

（1）$\Delta > 0$ 时，方程有两个不相等的实数根。

（2）$\Delta = 0$ 时，方程有两个相等的实数根。

（3）$\Delta < 0$ 时，方程没有实数根。

针对不同的内容采用不同的板书，可以让学生对知识点有一个概括的了解，对教师而言也是一种设计艺术，是教师提高课堂教学效果的一种手段，对"让教"起到示范引领作用。

【案例8】

在《特殊平行四边形》这一课的复习中，我并没有把几个特殊四边形一字排开，通过画图、写定理等方式逐个展开进行复习，而是用问题带动概念的形式，让概念的出现自然、生动、有研究力，以一个问题引出一个概念、定理。我利用"逻辑式"板书把整节课的概念串联在一起，"逻辑式"板书有着内容精简、结构美观的特点，可以渗透数学思想，促使学生用数学的眼光去观察、解释和表示事物的数量关系、空间形式及数据信息。

问题1：课前热身——概念练习。（略）

问题2：如图2-1-10所示，DF，EF是△ABC的两条中位线，对这两条中位线和三角形的两边所围成的四边形的形状与原三角形的形状进行探索。

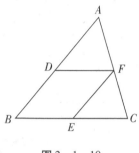

图2-1-10

活动1：围成的四边形是否一定是平行四边形？

师生活动：教师提问学生，学生回答，教师板书，板书后让学生在草稿本上解决这一问题。

活动2：在什么条件下围成的四边形是菱形？

师生活动：学生主要分成两种情形进行讨论，一种是在围成的图形是平行四边形的基础上讨论，另一种是在围成的图形是四边形的基础上讨论。这里主要研究的是在围成的图形是平行四边形的基础上讨论。

活动3：在什么条件下围成的四边形是矩形？

活动4：在什么条件下围成的四边形是正方形？

活动5：你还能发现其他什么结论？

在活动5中，学生在判断各类特殊平行四边形的基础上再找出各类四边形的其他特征。（图2-1-11至图2-1-15为板书过程）

图2-1-11

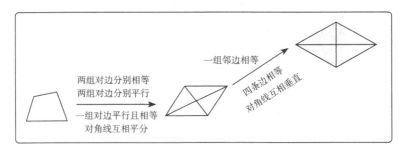

图 2 - 1 - 12

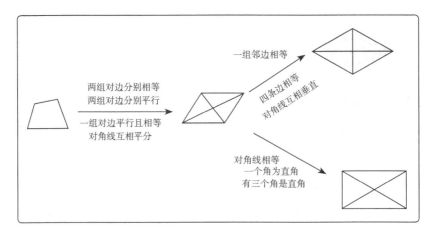

图 2 - 1 - 13

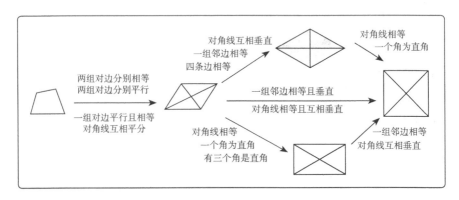

图 2 - 1 - 14

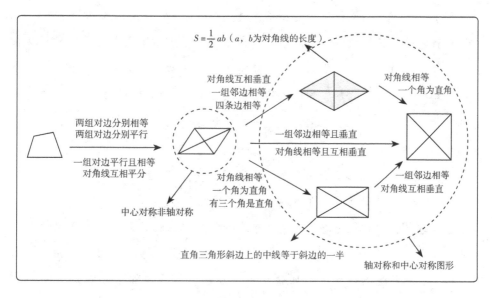

图 2 - 1 - 15

"让教"意图：通过中点三角形引出其他特殊平行四边形。每种特殊图形答案都不唯一，基于这种不唯一、多样性，用"逻辑多"的板书逐步铺开，将普通平行四边形和三类特殊平行四边形的概念、性质、判定的方法融入需要探索的题目，既考虑了它们的相同点又注意到它们之间的区别，做到环环紧扣。如果没有这道题目的探索，只是为了得出概念，既显得生硬，当中的韵味也差了点。

问题 3：如图 2 - 1 - 16 所示，在四边形 *ABCD* 中，*E*，*F*，*G*，*H* 分别是 *AB*，*BC*，*CD*，*AD* 的中点，判断四边形 *EFGH* 是什么四边形，并说明理由。

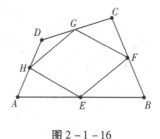

图 2 - 1 - 16

（1）当四边形 *ABCD* 满足什么条件时，四边形 *EFGH* 是菱形？

（2）当四边形 *ABCD* 满足什么条件时，四边形 *EFGH* 是矩形？

(3) 当四边形 *ABCD* 满足什么条件时，四边形 *EFGH* 是正方形？

设计意图：通过探索得出几个特殊四边形的性质、定理等之后，教师没有停止让学生继续探究的步伐，而是继续提出和四边形中点有关的三个问题，让学生理解平行四边形的形成和原四边形的性质无关，但特殊四边形的形成就和原四边形有关了。有关在哪里？如何变化？通过这几个问题的设计，学生对特殊四边形的性质有了进一步的了解。

(4) 若一个四边形有一条对称轴，则它是_____形。

(5) 若一个四边形有两条对称轴，则它是_____形。

设计意图：继续探究的目的是让学生通过对称轴的条数进一步认识特殊四边形的"特别"之处，让学生明白学习特殊四边形不仅要记住常规的性质、定理、判定，更要深入理解平行四边形的本质，理解几何的学习就是"图形结构"的学习。

第二节 提问是"让教"的基础

内容导读

初中数学课堂是师生互动的一个平台。在这个平台里，教师进行有效的提问，学生的分析能力与解决问题的能力才会得到提升。教师根据学生的特点和学生已有的生活经验积极地提问，增强学生的自信心和探索精神，课堂的"让教"就迈出了扎实的一步。

《数学课程标准》强调，"教师的'引导'作用主要体现在：通过恰当的问题，或者准确、清晰、富有启发性的讲授，引导学生积极思考、求知求真，激发学生的好奇心……能关注学生的差异，用不同层次的问题或教学手段，引导每一个学生都能积极参与学习活动，提高教学活动的针对性和有效性"。

提问是教学上激发学生思维的一种很好的手段。有了问题，学生在课堂上才会主动思考、积极探究，进而掌握知识，只有思索的课堂才是真正的数学课堂。据调查，初中学生在课堂上的注意力并不是很集中，特别是成绩不理想的学生，其注意力可能只能保持 20 分钟，而教师通过提问，把课堂的部分时间让给学生，不但可以让学生提高专注力，还能起到活跃课堂气氛的作用。

孔子说："学而不思则罔，思而不学则殆。"在数学学习过程中，学生要适当地思考、主动地探究，在分析中更好地了解数学知识的规律和本质。有提问就有了问题，而问题是驱动学生思考和分析的"催化剂"；有了问题，学生的思维会快速地运转起来，主动性得到激发，进而在分析中了解知识规律，掌握学习方法，感受学习的成就感，进而实现有效学习。

通过提问，我们把机会让给学生，让他们去讲、去表达；通过学生的回答，我们可以了解学生对问题的理解程度或认知的偏差程度。我们可以根据学生的问题、回答适当地调整教学思路、顺序和知识点的讲解，以便更有针对性地实施教学。

一、提问能提升学困生的学习能力

新一轮城市化的加剧，使城乡学校的差距日益加大，示范校与薄弱校、乡镇校的差距逐渐扩大，在薄弱校中，学优生数量少，学困生所占的比例很高，怎样提升学困生的学习能力就成为教师、学校工作的重中之重。学困生，顾名思义，就是学习上存在较大的困难学生，他们的情感、智力和其他人无异，只是各种原因导致其基础差、学习兴趣不高，成绩自然就无法达到教师对他们的期望值。

提升学困生学习能力的方法很多，在课堂上设置不同类型的提问就是一种行之有效的方法。一节充满趣味的课能让学生感受到学习数学的乐趣，在调动学困生积极性的同时，提出基础性、有针对性的问题，能帮助学困生掌握基础的数学知识，建立对于数学学习的信心。[①]

通过提问，我们既可以了解学困生在课堂上掌握知识的情况，也可以时时提醒他们在课堂上保持专注力。我们都知道，学困生达不到教师的期望值不是智力上的问题，更多的是情感上、态度上和专注力上的问题，提问可以促进教师与学困生心灵上的交流、情感上的互动，当学困生能理解教师的良苦用心，能感受到教师对他的爱的时候，我认为，他距离告别困难，成绩达到教师的期望值也就不远了。

1. 基础性提问激发学习兴趣

在实际教学中，为了保持课堂教学的连续性，完成教学进度，很多教师在提问时比较多地关注成绩较好的学生，因为这样的学生回答问题往往比较符合教师的"口味"，也不会浪费太多的时间，既完成了提问这一重要环节，又完

---

① 陈金婵. 让学困生在数学课堂上"动"起来 [J]. 珠江教育论坛，2017 (2)：62 – 63.

成了师生互动这一关键步骤。

但这样的提问，目标群体过于集中，往往忽略了学困生甚至是学习成绩一般的学生，对掌握班级学生学习情况是很不利的。教师在提问时要叩问自己：是为了完成教学任务，还是为了学生能力的提升。

为了完成任务而找成绩好的学生来回答问题，整堂课看起来会很"完美"。如果为了学生能力的提升，过程会比较"曲折"，甚至会导致教学任务无法顺利完成，但对于学生而言，这种提问是幸福的，因为他们既能得到老师的肯定，又学到了知识，这样的提问才是课堂应有的。

大部分学困生由于基础薄弱、思维能力较差，对于教师的提问是害怕和回避的。为了减轻学困生对于提问的恐惧心理，增强其对于数学学习的信心，我们可以适当设置一些与知识点有一定联系的基础性问题让学困生去回答。为此，我们可以采用直问的方式来引导学生思考和回答问题。

课堂上，教师要巧设情境，激发学生的求知欲，将教材中的知识点精心设计成一个又一个的问题，并鼓励那些数学学困生积极参与到问题的回答中来，让学生产生自己被重视以及获得成功的自豪感，从而自觉地投入到积极的学习中；一旦学生有了感受数学美的能力，由此而产生的学习数学的兴趣将是稳定而持久的。[①] 例如，在《整式的加减》——同类项这一课中，我提出了以下问题。

【案例1】

你能说出它们的结果吗？

（1） $-4-3+8$；

（2） 3个苹果 +4个苹果；

（3） 8张课桌 -6张课桌；

（4） 17万 -9万。

"让教"意图：我利用学生熟知的问题情境来构建教学活动，这种问题学生一般都能解决，容易产生兴趣。这种问题的设计主要是让学生对同类项有一

---

① 吴有明. 关于数学学困生转化的思考 [J]. 数学学习与研究，2016 (24)：47.

个基本的框架和初步的模糊体验，为后续学习同类项建立一个框架。我把这几个问题抛给全班学生，在提问时让成绩较为一般的学生回答，其中有个学生在回答②时就提出：这7个苹果的大小是一样的吗？如果是，那就是7个；如果不是，那答案就不唯一了。

从学生的回答中我们能很清晰地知道，给时间让学生去讲、去教，他们的答案往往出乎我们的意料，他们不是什么都不懂，只是由于长期在班上的存在感不强，学习的自信心较弱，加之平时没有合适的机会去表达，才逐渐成为课堂里的一个听众、一个旁听者，而不是参与者。虽然学困生基础较薄弱，但不等于他们没有想法和思考。通过这样的提问、这样的"让教"，教师在设计问题时会想得更严谨，考虑得更充分。

2. 环环紧扣启发学困生思维

学困生成绩跟不上的主要原因是基础薄弱和学习习惯出现问题，无法持续性听懂课，如果得不到教师的关注和同学的认可，再加上缺乏恒心和毅力，很容易注意力不集中。同时他们没有真正学懂知识，更多的是用一种记忆的方式去学习，知识掌握得不牢靠，也就造成成绩无明显进步，时间一长，就失去了学习动力。

古人云："学起于思，思源于疑。"教师在组织教学时要善于根据教材内容，或课前设疑，引人入胜，或课中质疑，波澜跌宕，或课后存疑，回味无穷，使学生在课堂上始终处于一种积极的探索状态。① 课中置疑就需要我们提的问题环环紧扣，既不能过于简单，给学困生一种为让他们回答问题而提问的感觉，又不能难度过大，明显超出学困生的能力范围，给他们一种"想让他出丑"的错觉。当然，我们设置的问题有时也未必要让学困生全部回答出来。因为在回答问题的过程中，发现学生的闪光点，将闪光点变成知识的火花，用心去打开他们智慧的闸门，让他们去体会成功的教育，才应该是我们提问教学最根本的目标。

---

① 杨敏. 初中数学课堂上的提问方法 [J]. 都市家教（下半月），2014（6）：84 – 85.

【案例2】

在《等腰三角形的性质和判定》一课中,我们设计了这样的课堂提问:
①等腰三角形的两个底角相等,可以用什么方法来证明?②如果一个三角形的底角相等,那么我们在三角形中还可以推断出哪些相等的元素?③用什么样的方法可以判定一个三角形是等腰三角形?

"让教"意图:这三个问题环环相扣、步步递进,学生就算基础比较薄弱也能够回答,但要想顺利把每个问题都回答完整又不太容易。在第一问中,学生在课前已按要求剪好等腰三角形纸片,可以通过对折纸片来判断两个底角相等,看到折痕很容易会想到要通过建立两个三角形全等来证明。普通学生回答这样的问题是很有成就感的,也会产生学习兴趣。而第二个问题可看作第一个问题的延续,该问题的价值不在于怎样解决,而在于让学生通过折纸、证明去发现已有图形所蕴含的各种关系。第三个问题就开放多了,通过让学生小组合作、集思广益,探讨出不同的方法,再让小组代表把本组的方法说出来,其余各小组给予纠正。这样的"让教"能最大限度地让学生把自己的想法表达出来。

从以上的问题设置可以看出,教师在设置问题的时候除了考虑知识点本身、问题的内在联系,还要把问题设置得循序渐进、由浅入深,让每一个层次的学生都有问题可解决、有事可干。通过设计问题、制造问题,让不同层次的学生去展示、去教、去讲,对培养不同层次学生的思维、学习兴趣会有较大的帮助。

二、多一些"胖问题",少一些"瘦问题"

课堂上除了教师提出问题,让学生提出问题也是很重要的。著名教育家顾明远说:"不会提问题的学生不是一个好学生。"当下的课堂普遍是教师提问学生回答,学生被动地参与问题的解答。实际上,我们可以让学生把自己的想法说出来,这些想法往往伴随着一些问题。但很多学生提不出问题。造成这种现象的原因真是学生提不出问题吗?笔者觉得,首先是教师提的问题让学生没有办法思考下去。简单地说就是,教师提了较多的"瘦问题",学生只需回答对或不对、是或不是等,思考的空间太小。课堂里教师应该提更多的"胖问题"——开放性强、思维度深且广的问题，让小组通过探讨，在解决题的过程中衍生出其他小问题，还可以让学生设置小问题，通过这种派任务式的方法促使每一个学生去思考，而不是坐在下面当一个聆听者。

1. 开放性问题中"悟"出概念

教育是一个缓慢的过程，有其自身的发展规律和生长特点。学习不能依靠死学，而是需要领悟，这种领悟往往是在学习活动中进行的，是需要时间与环境催生的。因而教师开展教学活动必须给学生提供探索交流的时空，组织、引导学生经历观察、实验、猜想、证明等思维活动过程。这就是"学之道在于悟"的道理。学习不仅仅是学生听懂了、记住了，更是学生自己悟出来道理、方法和规律。①

课堂上，教师要多提供一些开放性问题，以使学生在问题中"悟"出概念。开放性问题的特点是定点低、入口宽，但结论变化多样，结论的高度可以提升，学生可以多层次、多角度地去探讨问题，并且不同层次的学生都能尝试去提出问题。可以说，开放性问题是培养学生创新能力很好的载体。

在思考或探讨中，教师不要急于表露问题的答案，否则容易引导学生朝某一个方向进行思考，从而扰乱学生应有的思维方向。对于知识结构完整、研讨能力较强的学生，我们要鼓励他们多角度、多层次地思考问题，或者变更条件、结论，改变题型结构，让学生去感悟变化之间的联系，找到继续开放性思考的支点。而对于知识结构较窄、思考能力不足的学生，我们应该鼓励其大胆思索。对于思考方向不明确，甚至完全跑偏的学生，我们可以和其进行深入研讨，适时引导其思考的方向，让学生自己去"悟"出新问题，以达到解决问题的目的。

当然，也不是每一个题目都适合设计成开放性问题。对于什么样的问题可以设计成开放性问题，这就需要教师深入研读教材和课标，根据学生的学情提前预设好问题。问题最好来自教材中的定理、概念以及公式的辨析和拓展，或教材中能揭示定理、概念等本质的例题。总之，起点低、入口宽、结论变化多

---

① 卜以楼. 学科味：课堂教学的价值诉求 [J]. 初中生世界，2014（44）：4-7.

样的问题都可以尝试，以让学生在提出问题后"悟"出数学。

【案例3】

《整式的加减》——同类项这一课中有这样一道题：把你认为类型相同的式子归为一类：$100t$，$3x^2y$，$3ab^2$，$4a^2b$，$2x^2y$，$-252t$，21，$-4ab^2$，$-7a^2b$，-8。①这组单项式能分成几组？②归为同一组的项有什么特征？

师生活动：

生1：可以分两类：$100t$，$-252t$ 为一类；$3x^2y$，$2x^2y$ 为一类；$3ab^2$，$4a^2b$，$-4ab^2$，$-7a^2b$ 为一类；21，-8 为一类。我是按含有相同的字母来分的。

生2：可以分三类：$100t$，$-252t$ 为一类；$3x^2y$，$2x^2y$，$3ab^2$，$4a^2b$，$-4ab^2$，$-7a^2b$ 为一类；21，-8 为一类。我是按含字母的多少来分的。

生3：可以分两类：-8，$-4ab^2$，$-7a^2b$，$-252t$ 为一类；$100t$，$3x^2y$，$2x^2y$，$3ab^2$，$4a^2b$，21 为一类。我是按正负数来分的。

生4：可以分五类：$100t$，$-252t$ 为一类，$3x^2y$，$2x^2y$ 为一类；$3ab^2$，$-4ab^2$ 为一类；$4a^2b$，$-7a^2b$ 为一类；21，-8 为一类。我是按含有相同的字母且字母的指数一样来分的。

师：很好，看来同学们都动了很多脑筋，那哪些分类你们是比较认可的呢？

生5：我觉得生3的分类是有问题的，不能因为有负号就说它是负数，只能说含有负号，这样分意义可能不大。

生6：生1、生2、生4的分法都可以，但我觉得生4的分法更细致……

（通过讨论、争辩、感悟，学生都比较认可生4的分类，之后再根据分类研讨出同类项的概念）

"让教"意图：这种问题对于七年级的学生来说没有多大的挑战性，但是，这样的问题设计适合不同类型的学生，在找出各种不同分类方法后，让学生去感悟哪种方法更契合本节课的思想，从中得出同类项的概念。

2. 选择有效"问点"，学生才能很好地答问

教师有效的课堂提问是打造高效率课堂的基础。反之，教师的课堂提问失效，学生就会失去学习方向和目标，就会缺乏思考性与探究性。那什么是课堂提问的"问点"呢？所谓课堂提问的"问点"，是指教师在课堂上设计提问时的切入点。而切入点主要体现在知识点的冲突处、疑难处、模糊处。教师应避免在关键点处因为怕学生不懂而选择由教师唱"独角戏"。

（1）冲突处实现真理解

认知冲突是指在认知发展过程中，原有概念（或认知结构）与现实情境不相符时人在心理上产生的矛盾或冲突，它可以引起学生对新知的注意和探究。教师要充分利用学生好奇心强的特点，在研读教材的基础上，设置认知冲突，激发学生的求知热情，调动学生学习的积极性和主动性。[1]

因此，我们应在课堂教学中设置认知冲突，关注知识结构上的联系点和衔接点，注重学生认知结构上的新起点和新坡度，开展有效、实效、高效的课堂教学。这种通过认知上的冲突"让教"于学生的方法既可以激发学生的学习兴趣，也能锻炼学生思维。有效的教学必然会引发学生的认知冲突，这类课堂注定不会顺利，虽曲折、迂回但有趣和充满思维的成长。而那种风平浪静、一帆风顺的看似学生都懂的课，实际上更多的是一种停留在表面认知上的课堂。有效的认知冲突不仅是有"数学味"的课堂的重要体现，更是学生对知识真正理解的重要标志。

学生在学习知识时大脑里是一片空白吗？显然不是，是的话就不存在认知冲突了，那从哪几部分去把握课堂上的认知冲突处比较好呢？我在长期的课堂教学观察中发现，学生最容易在认知上起冲突的地方应该是新、旧知识的矛盾处、对新知识认识的偏差处等。既然学生在这些地方容易出现认知上的冲突或矛盾，教师就不宜回避这些冲突，反而可以故意设置、激发、制造认知上的冲突。只有让学生"上过当"、踩过"陷阱"，学生才会有所警醒，教师如果事事帮学生避开这些"陷阱"，那么，学生就只能在考试中"踩陷阱"了。当然，面对设置的陷阱，我们需要一步一步引导学生走出"阴霾"。

【案例4】

在师大版七年级上册《有理数的乘方》这一课中，为了让学生受乘方在数学中的"威力"，我设计了如下问题让学生去思考。

---

[1] 顾海燕. 例谈把握教学起点的有效策略 [J]. 小学教学参考（数学版），2017（26）：80.

问题1：一张纸折多少次可以和珠穆朗玛峰差不多高？

设计意图：通过只有0.1mm厚的纸和世界最高峰的比较，来打破学生常规上认为的不可能用薄薄的纸去和最高峰相对比的认知。这时教师不要急于公布答案，要继续用问题来引导学生去打破原有认知。

师生活动：学生表示不太可能，应该要百万张（也有补充需要千万张的）。我知道这是学生用8848来除以0.1，再转换单位所得（鼓励学生的奇思妙想）。

问题2：这张纸折一次有多厚？折两次、折三次呢？……

师生活动：学生不亦乐乎地算起来，答案很快出来2×0.1，4×0.1，8×0.1，…学生还很开心地说这样的高度再折多少次也没用。

问题3：能观察到它们有什么规律吗？

师生活动：根据之前的计算结果，我又让学生进行讨论。结果很快出来了：$2^1 \times 0.1$，$2^2 \times 0.1$，$2^3 \times 0.1$，…

问题4：假设折了n次，那么高度如何表示？（$2^n \times 0.1$mm）

问题5：同学们通过计算看看到第几次它的高度可以媲美世界最高峰？

师生活动：随着计算的深入，学生发出了惊讶的喊声，在折第20次时还只有一百多米，但在折第27次时就远远超过了珠峰的高度。之后，教师趁热打铁，又讲了古印度"国际象棋"中大臣向国王索要粮食的故事。有了这两个案例，学生对乘方的概念有了比较客观的认识。

设计意图：给学生一个看似简单的问题让他们去猜想，猜想是一个不确定的过程，也是解决问题的一种方法，特别是当猜想出现错误时，学生对这种猜想的印象会极其深刻。当然这里的猜想不是乱猜，而要基于一定的理论知识。通过几个问题的合作讨论和回答，教师充分把课堂时间交给学生，让学生在问题中感受到数学的美。

课堂因为有了认知的冲突，才引发学生对知识的专注和兴趣。过于简单的知识使学生提不起兴趣；太难的问题如果完全脱离了学生的认知能力，对学生也是没有吸引力的。一个好的冲突能让学生的兴趣自始至终停留在学习的层面上，能激发学生的求知欲。但我们也要认识到数学课堂上的认知冲突对于教学来说只是一个推动过程，有了冲突才会有问题的解决。当然这种冲突不是故意制造麻烦，而是教师在教学的自然过程中的一种策略和手段。①

（2）疑难处突破障碍

初中数学知识讲究逻辑性和抽象性，学生的思维经历了一个从形象思维到抽象思维的转化过程，在学习的过程中难免出现认知偏差、缺陷乃至失误等，而这些往往是教学的重难点。在教学中，教师要善于从学生的认知规律出发，在学生思维短路时牵一牵、引一引，促使学生积极探索、化解重点、分解难点，进而形成数学能力。②

【案例5】

在北师大版七年级下册第一章《整式的乘除》中的《完全平方公式》一课中，我设计了两道例题的计算：$(m + 3)^2 = m^2 + 6m + 9$ 和 $(2 + 3x)^2 = 4 + 12x + 9x^2$。在得出了完全平方公式 $(a + b)^2 = a^2 + 2ab + b^2$ 后，我让学生用图形进行验证。这一设计符合承上启下的原则，可以利用前几课讲过的多项式乘以多项式以及代数式和图形的结合来验证公式是成立的。但学生在学这个知识点的时候受把生活模型转化为几何模型再到验证代数式成立的认知影响，再加之本章刚学完积的乘方，潜意识里还是很容易产生 $(a + b)^2 = a^2 + b^2$ 这种错误的概念。为了让学生对这两个式子的理解更透彻，我对教材的引入设计做了一些改变，把教材的一个问题设计为一组问题串，从而引导学生去认识这两个知识点的不同。

问题1：$(a + b)^2 = a^2 + b^2$ 成立吗？

"让教"意图：既然学生经常犯这种错，与其遮遮掩掩，不如直接坦然面对，拿出来探讨一番。学生的反应很明显，有的说相等、有的说不相等，但教师不着急下结论，继续深入探讨。

问题2：这里的 a 和 b 表示什么？

"让教"意图：这个问题主要是强化学生字母表示数的意识，为后续验证这个问题是否成立打下举证的基础。

问题3：下面两个式子成立吗？$(1 + 3)^2 = 1^2 + 3^2$，$(2 + m)^2 = 2^2 + m^2$。如

---

① 张继运. 匠心独运，设计数学课堂"认知冲突"[J]. 读与写，2017，14（10）：85-90.
② 曹乃娟. 聚焦关键处，让智慧"亲临"[J]. 小学教学参考，2017（20）：31-32.

果不成立请说明理由。

"让教"意图：既然学生还持有两种意见，这时举例是一种比较有效的方法。这里的举例还是遵循了用数字代替字母、从特殊到一般的规律，符合学生的认知。通过举例对刚才的讨论、想法得出一种正确的判断，最终目的是让学生认识到哪一种判断是正确的。

问题 4：如果 $(a+b)^2 \neq a^2+b^2$，那么 $(a+b)^2$ 应该等于多少呢？如何得到？

"让教"意图：通过刚才的举例，显然 $(a+b)^2 \neq a^2+b^2$，那 $(a+b)^2$ 总应该等于某个式子或数吧？因此，这促使学生将其和之前的多项式乘以多项式联系，从而得到本节课的知识点。

从以上案例可以看出，受认知能力和生活经验的限制，学生在学习过程中难免遇到困惑和疑难，教师要善于从知识结构出发，多关注学生的疑难处，突出重点，突破难点，让学生体验到成功的喜悦，激发学生的学习兴趣。如果教师关注了知识的疑难处，采用恰当的教学方法优化课堂教学，为学生答疑解惑，学生自然也就乐意学了。

（3）模糊处立竿见影

学生总感觉概念比较抽象，往往觉得这样的概念和自己的认知有很大的区别，如刚接触函数时学生觉得这应该是一个"数"，脑海中就有了一个数的概念，而这往往限制了学生学习《函数》这一章的思维。因此，在此处如果设计一些学生常见的题型，使学生通过解决问题逐步得到知识，对学生处理、学习、理解知识会有很大的帮助，在"模糊处"立竿见影，会让学生有种恍然大悟的感觉。

【案例 6】

在学《变量与函数》这一节时，我们设计了一个问题：一个矩形的周长为 60，其中一边长为 10，求这个矩形的面积。围绕这个周长为 60 的条件还能提出哪些问题？

"让教"意图：这里设计了一个较具开放性的题目，让学生通过对问题的回答观察规律，最后由特殊值总结得到一般情况。在学生充分讨论得出了很多含有特殊值的答案后，教师抛出问题，请各小组在如此多的答案中找出一些问题来。

学生问题 1：边长还可以取其他的值吗？

学生问题 2：若其中一边长为 15，20，25，矩形的面积是多少呢？

学生问题 3：什么时候面积最大？

学生问题 4：若设面积为 S，其中一边长为 x，S 怎么表示？

……

在此题中，我们通过求一个矩形的面积引导出学生的其他问题。如果学生不能想到面积最大、面积为不定值，教师可以通过提示、引导等手段促使学生往这一方面去想问题，目的就是让学生通过思考懂得函数是在常量的基础上发展起来的。

通过学生讨论出来的问题我们很容易发现，学生不是发现不了问题，也不是提不出问题。学生能否提出问题取决于教师是否会把一定的时间让给学生去进行有效讨论、思索。有的教师虽然让出了部分时间，但让出的时间是盲目的，是为让而让、为讨论而讨论，这时学生提出问题所取得的效果是大打折扣的。如果问题设计是提前的、有针对性的，那对于不同层次的学生都会有一定的锻炼价值。如学生在上一题中就顺其自然地得到了函数的表达式，接受起来也觉得比较自然。

三、细细地提问题，静静地想问题

著名教育家李希贵先生曾记录过这样一节生动的课：教师总共提出 17 个问题，提问了 23 个学生，有 108 人次在课堂上举手要求发言，师生互动时间 38 分钟，占课堂教学时间的 95%。课堂不可谓不活跃，但是，三天后学校对本节课的内容进行测试，结果让人难以置信，平均成绩只有 56.3 分。上过这节被众多教师称为"设计新颖，互动充分"的课后，学生竟连基本知识都过不了关，所以这节课又有多大的价值呢？

其实这何尝不是当下教育的真实写照，为了实行小组合作，不少学校要求教师少讲，甚至有学校直接规定课堂教师只能讲多少分钟，并把其作为评价指标，美其名曰把课堂交给学生，让学生做课堂的主人。因此，很多教师认为，既然课堂上限制了教师发言，那就向学生多提问题，让学生在课堂里讨论，结果是课堂上热闹非凡，但学生脱离教师的指导做题时却是东张西望、一片茫然，这样的教学效果是可想而知的。

其实，小组合作、以生为本、课堂提问、师生互动都没有错，错的是每一节课都用僵化的模式。我们常说"世界上没有两片相同的叶子"，同样不会有两节一模一样的课，即使是一样的教学设计，也可能会上成完全不同的两节课，因为这与每个班的学情以及教师对数学的理解有关。鬼谷子就说过："事不可尽，尽则失美；美不可尽，尽则反毁。"同样，我们在设计问题的时候要依据学生的学情、理解能力以及知识点的特点，并不是每节课都需要设计问题让学生去讨论，有时候，我们设计的问题就适合学生安静地想。"数学是思维的体操"，体操就需要我们静静地去观赏，数学也是需要我们静静地去思索的。

【案例7】

学习《正比例函数的图象和性质》这一节课时，教师在课堂上就设计了如下的问题链，让学生在思索和动手中去领略函数的魅力。①

问题1：上节课，我们学习了正比例函数，那么什么是正比例函数？你能写出两个具体的正比例函数吗？

"让教"意图：回顾上节课的知识，让学生自己写出来，也为下一步研究正比例函数的图象和性质做准备（让学生写几个不同类型的函数，如正整数、分数等）。

问题2：正比例函数有怎样的性质呢？我们能够通过画函数图象更直观地得出正比例函数所具有的性质吗？

"让教"意图：引导学生回顾画函数图象的一般方法以及通过画图象得出正比例函数的基本性质。

问题3：让我们从具体正比例函数 $y=2x$ 性质的研究开始，先画图象，怎样画？

"让教"意图：让学生复习描点法画函数图象的各个步骤；上一节课已经教给学生如何去画，这节课就是让学生自己去感觉，在感觉的过程中强化画图的方法及顺序。

---

① 人民教育出版社课程教材研究所中学数学课程教材研究开发中心组. 初中数学核心内容教学设计案例集［M］. 北京：人民教育出版社，2014.

问题4：对于所画的函数图象，你有哪些直观的感觉？

"让教"意图：这里教师并没有马上安排学生讨论函数的性质，而是让学生先感觉函数关系式与图象之间的联系，通过直观地观察图象说出函数有哪些性质，再进一步去求证它，从直观、猜想到说明，符合学生的思维规律。

问题5：用描点法画出 $y = \frac{1}{3}x$ 和 $y = 4x$ 的图象，它与图象 $y = 2x$ 有什么相同点？能把发现的结论推广到一般情况吗？（图2-2-1）

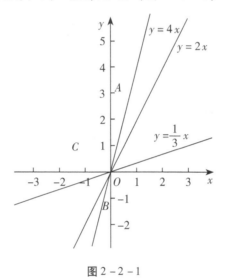

图2-2-1

"让教"意图：在只有一个函数图象时，性质的提炼对于学生来说还是有较大难度的，通过对三个系数不同的正比例函数的图象（引导学生将这几个函数画在同一图象上）进行比较，图象的性质、特征就容易呈现出来。

问题6：对一般正比例函数 $y = kx$，当 $k > 0$ 时，它的图象形状是什么？位置怎样？

"让教"意图：探究得出正比例函数图象在 $k > 0$ 时是一条直线，感受从特殊到一般的思考过程，体验数形结合的思想。

问题7：在 $k > 0$ 的情况下，图象是左低右高还是右低左高？对应地，当自变量的值增大时，对应的函数值是随之增大还是减小？

"让教"意图：通过动画或者通过直线的倾斜度来帮助学生理解当 $k > 0$ 时函数的增减性。

问题 8：当 $k < 0$ 时，正比例函数 $y = kx$ 的图象的特征及性质又是怎样的呢？请同学们画出 $y = -2x$ 和 $y = -3x$ 的图象，并把你认为的特征和性质写出来。

"让教"意图：自然地将 k 分为正、负两类，渗透分类讨论思想与类比学习思想，强化学生画函数图象的通性通法（列表、描点、连线）。

问题 9：我们知道，正比例函数的图象是一条经过坐标原点的直线，我们也知道，两点确定一条直线，那我们怎样画正比例函数图象会更便捷呢？

"让教"意图：教师没有直接告诉学生如何更快捷、简单地画图象，而是让学生通过之前的练习去总结"两点法"画正比例函数图象的方法，让学生理解这种简便画法的合理性和必要性。

课堂上教师只要善于借助提问来引导学生探究数学知识，使学生通过问题的探究来感受数学学习的乐趣，体会思考的成就感，进而增强学习的自信心，学生在参与课堂探究的过程中，就会潜移默化地了解数学知识，掌握数学规律，形成自己系统化的认识，进而提高数学学习能力。

苏霍姆林斯基说："做一个知识的探索者和孜孜不倦的求知者吧，思维是最复杂的劳动。"确实如此，学生数学能力的提高绝不仅仅靠教师教。我们常说：师父领进门，修行看个人。我们要让学生细细地、静静地去思考，让他们在安静中体会数学的魅力。知识的领会需要从"捂"到"悟"。

课堂提出的问题就是要让学生在思索中"悟"出知识点的本质，知识总是"捂"着而不去运用它，"捂"的时间久了也就腐烂了，流水才能不腐，思索才能觉悟。教师通过问题的提出，让学生主动思索，但不等于教师此时可以撒手不管，对于遇到困难、解决不了问题的学生，教师应适当地进行点拨。

在这样的课堂上，我们可能看不到表面上热热闹闹的讨论、熙熙攘攘的合作，却可以感觉到思维的激烈碰撞；我们也不一定能看到学生的举手抢答，但能感觉到学生的眉头紧锁，我们的课堂需要这样的情景。这就是很好地把时间让给学生，学生虽然没有在教、没有在讲，但学生的思维活动胜于教和讲的表象行动。长期坚持下去，教师做到静下心来教书，学生做到潜下心来想题，这样教学效果自然会更好。

第三节　互动是"让教"的核心

内容导读

　　《数学课程标准》在教学建议中指出，在数学教学活动中，教师要选择适当的教学方式，因势利导、适时调控，努力营造师生互动、生生互动、生动活泼的课堂氛围，形成有效的学习活动。合作、互动主要体现为：教师以平等、尊重的态度鼓励学生积极参与教学活动，提高教学活动的针对性和有效性。在"让教"课堂里，没有互动课堂就成了"一言堂"，只有进行互动，"让教"才能落到实处。

　　《数学课程标准》指出："教学活动是师生积极参与、交往互动、共同发展的过程。"对教师而言，交往互动意味着上课不仅是传授知识，还是与学生一起分享理解；对学生而言，交往互动意味着主动参与、思维开放、主体性的凸显、个性的张扬、创造性的解放；对教学而言，交往互动意味着师生对话，意味着师生相互建构，它不仅是一种教学活动方式，更是弥漫充盈于师生之间的一种情境和精神氛围。

　　基于这种理论的指导，课堂上，我们应该摒弃传统的"填鸭式""满堂灌"的教学，因为在这种模式下不要说课堂枯燥无味，学生易犯困，也不必提课堂上有无知识的生成、思想的碰撞，就连学生的学习情况我们也无法知晓，有的只是口口相传似的记忆。而互动下的教学能够实现师生互动、生生互动，让学生在思想碰撞中领悟数学、在质疑交流中学会知识。因此，交流互动、积极参与理应成为课堂的主旋律。

互动式教学以学生为主体，教师在其中扮演引导者、启发者的角色。互动式教学更加注重学生与教师之间以及学生与学生之间的互动、合作、交流，通过彼此之间的互动，实现学生间以及师生间情感、知识的分享，从而提高学生的学习效率。教育构建主义认为：教师、学生是课堂教学活动整体的重要参与对象，也是课堂教学活动整体的组成要素。教师、学生在课堂教学活动中不是相互割裂、各自为政的独立个体，二者之间不是没有"交集"，而是相互融合、深度协作，二者之间深刻"包容"。①

那么课堂上如何进行师生互动或生生互动呢？互动不是一种形式，不是为了达到某种氛围而进行的一种活动。互动可以人为营造，但不能刻意制造，也不能是教师随意抛出一个问题由学生去讨论，至于讨论的目的、价值就不去考虑了。这样的互动对于学生来说既达不到学习的目的，也浪费了时间，效果还不如教师直接讲好。好的互动应该是教师课前针对知识设计好问题让学生去思索，学生小组合作后得出结论，再把所获得的知识展示给全班。在这个过程中，做到了师生之间和生生之间的互动，教师了解了学生思维的发展状况，学生通过思索收获了自己的理解，这样的互动就比较有效了。

一、制造问题悬念，让师生在思考对话中互动

获得必要知识是学生到学校学习的最大动机，如何让学生获得知识就是教师需要考虑的问题了。"你听我讲"的传授式教学是获得知识的主流方式，但不是唯一方式，让学生积极参与互动，除了教师的鼓励，课前的备课设计也很重要。对于很多知识点，如果教师设计出一系列问题交由学生去思考，那么在教师的帮助、引导下，学生就会在思考过程中学会提炼、归纳出有用的问题，从而获得知识。因此，教师适当制造问题让学生思考是学生获得知识的一种行之有效的方法。

1. 提出问题实现师生互动

课程标准强调让学生在已有知识经验的基础上学习和理解数学，倡导设置

① 杨志东. 构建和谐关系　实施有效互动——对高中数学课堂互动教学的粗浅思考 [J]. 新课程（中学版），2015（3）：173.

问题情境的教学模式。问题教学就是在已有的知识不能解决现有问题时，教师引导学生通过提出新的问题并解决问题得到一些普适性的定理、概念、公式从而解决现有问题。这种方法并非现代所创，它由来已久。例如孔子的启发式教学，就是设置问题让学生思考，进而觉悟；苏格拉底的"产婆术"同样是设置问题链，一步步促使学生深入思考。

这种方式如导盲犬一般，导盲犬并不帮助盲人走路，并没有起到像汽车那样的作用，但在它的牵引、引导下，盲人可以一步一步到达目的地。这种引导对于学生来说是一种体会，更是一种认知上的突破。若学生永远都是靠听教师的来获取知识，犹如一直生活在大棚里的树苗一样，是无法长成参天大树的。

下面看一个教学片段，看教师是如何用问题串这个"导盲犬"让学生总结归纳出概念的。

【案例1】

在学习《单项式》这一课时，教师先列出了以下一组式子：

$\frac{\pi}{16}b^2$，$-\frac{10}{9}x$，$0.92a$，$-m$，a^2h。

同学们先独立思考再小组合作讨论前面题目给出的这些代数式有什么共同特点。

"让教"意图：教师并没有直接给出概念，而是让学生找它们的共同点。这个问题看似简单，实则要完整找出来并不容易。但问题的入口是比较宽的，因而学生的总结也呈现出"百花齐放"的状态。

生1：含有未知数。

生2：有加减号。

生3：含有字母。

生4：字母有指数。

生5：含有数字。

生6：没有运算符号来连接。

生7：单独一个的代数式。

生8：字母在数字的后面。

……

从学生的回答可以看出，学生都能提出自己的理解，但显然有些理解是正确的而有些理解是牵强附会的，答案五花八门，显得杂乱无章。但仔细看就会发现，其中不乏正确的或接近答案的回答，教师此时要做的是和学生共同来梳理、筛选、提炼、归纳出有用的答案，摒弃无用或错误的答案。

师：有同学答"含有未知数"，有同学答"含有字母"，哪名同学的回答更正确呢？

生1：这里没有等式，不是方程，因而不能称作"未知数"。

生2：这里称作"含有字母"比较好，而且每个式子都是数字与字母的结合。

师：这里有加减号吗？如何表达比较好？

生1：这里不能叫"加减号"，只能称作"正负号"。

生2：也就是"正或负"，不影响归纳。

师：没有运算符号如何表达会更标准？

生1：这里有运算符号，它们都是乘或除。

生2：可以归纳为"既有数字又有字母，且用乘除连接的式子"。

"让教"意图：面对学生错误的答案，教师没有急于否定，而是又提出一系列问题，促使学生往概念的正确方向去想。比如，"含有未知数"和"含有字母"就是两个看似一样但其实有很大差别的答案，教师给出问题，其实就是在帮助学生温习这两个概念。而从始至终，教师没有直接告知学生概念是什么，而是通过"逼问"让学生一步一步沿着"导盲犬"的引导到达终点。相信经过这样的师生、生生互动所得到的知识会是学生记得最牢、理解最深的知识，毕竟"纸上得来终觉浅，绝知此事要躬行"。

2. 合作小组实施生生互动

"素质教育有三大要义。第一是面向全体学生，第二是全面发展，第三是让学生主动发展。"（《关于素质教育的再思考》）这三大要义从根本上明确了素质教育的内涵，明确了中小学实施素质教育的目标和任务。素质教育的进一步实施，要求我们积极探索数学课堂教学的新形式，而互动教学恰好可以体现这一要求。

前面提过，互动教学以师生互动和生生互动为主，其中，师生互动更多的是教师提问，学生通过思考来回答问题。在这个过程中，教师是主导，学生为主体，师生之间通过互动来完成一系列活动。但在生生互动中，如何更好地发挥学生与学生之间的互动作用？笔者觉得，建立合作小组进行生生互动是一种很好的方式。

小组可以在一定的条件下建立，成员可以是同一层次的搭配，也可以是不同层次的学生组合在一起，后者为多数，因为互动除了讨论问题也可以是生生互教，这样就起到"兵教兵"的作用，不会导致个别学生无人来教、无事可做。

（1）小组中的"先学后教"

"先学后教"是符合认知心理、建构主义教学思想的一种教学行为，即让学生先建立知识结构，然后通过课堂上的小组合作、展示，把对知识理解不当的地方展示出来，再由教师释疑或者小组长解惑，让学生去经历知识的获取过程，让全体学生参与进来。

"先学后教"中，教师可以在课前布置好任务，小组组员先独立思考，再由组长组织小组组员针对在学习过程中遇到的难点、重点进行研讨。由于小组组员的能力层次各不相同，在研讨之后，理解较好的组员可以再一对一进行"人盯人"式的辅导，让更多的组员在新授课前对知识有一个大致的理解，为后续教师的教打下良好的基础。现代教学中的教早已摆脱了传统教学上的教，这里的教已包括"先学后教、边学边教"等。这样的学习方式既能让学生提前掌握一定的知识，也为课堂上"让教"于学生定下了基调。

"先学后教"除了"学"，如何"教"也是重要一环。这个"教"未必全部由教师来教，既然学生已经学了，学得如何？还是和没有学之前的学情一样吗？肯定不会！这时，教师适当"让教"给已"先学"过的学生，让他们在课堂上进行展示，一来可以知道学生"先学"的效果如何，从而针对学生学习的效果进行教学上的调整；二来与学生分享教学时间，让学生在"教学"时得到锻炼。这些都不是一个学生可以组织好的，必须依赖整个学习小组的智慧。在展示过程中，其他组员可以随时补充自己的意见，协助展示的同学完成展示任务。

课堂上，教师根据教学进度、学生的掌握情况，可以适时抛出一些问题，让各个小组进行探讨、研究、解决。在问题的解决过程中，由组长组织，每一个组员都要发表自己的观点与看法。教师这时当然不应在讲台上观望，而应到每一小组中去了解各组的研讨情况，实时关注每一个小组的研讨进度，了解每一个学生的思维动态，以便有针对性地进行指导。题目解答完之后，每个组都要派出一名代表将解题思路讲给其他小组。讲完之后，其他小组可以提出观点与质疑，从而增强小组间的互动。最后，由教师指定小组在班级展示，其他小组给予补充，教师再从整体上进行总结，纠正错误的点，梳理难点。

（2）利用评价制度来考评

对于课堂是否需要引入评价制度，不同的人有不同的理解，但在当前教育大趋势下，引入评价制度非常必要。现代学校制度要求我们建立教师、学生、同行、专家和家长共同参与的课堂教学评价体系，这也是新课程教学评价要求的重要内容。建立多元主体评价制度，目的是从不同侧面、不同角度、多渠道获取教学信息和资料，帮助教师全面、客观、科学地了解教学工作的不足，从而提高教学水平，促进专业发展。①

① 树立以学生为主体以教师为主导的方向。评价制度设立的目的首先应该是为教师定好课堂教学的基本方向，是告别传统的"满堂灌"的教学方式的一种硬性措施。在以往的教学中，教师被放在"高高在上"的位置，具有绝对的"权威"，学生只是被动地接受知识。而利用评价制度来指导课堂教学，可以让学生成为课堂的主人，教师只起引导作用。

评价制度的采用需要教师改变教学观念，更新评价理念，尊重、信任家长、学生，建立民主、平等、和谐的人际关系，积极参与现代学校课堂教学评价活动。从学校管理者的角度来看，评价制度不应该是冰冷的，不能"一刀切"，

---

① 韩立福. 基础教育阶段现代学校课堂教学评价制度初探——建构多元主体的现代学校课堂教学评价综合模式 [J]. 教育科学研究，2006（11）：23－27.

因为每个学科的特征有所不同，尽管每个学科一个评价标准不太现实，但在以学生为主体、以教师为主导的评价制度的基础上，鼓励各学科有自己的特色和特点也是可以的，只有这样，制度才会有温度，才会有生命力，教师才不至于对评价标准产生反感。

② 树立学校发展方向的评价理念。学校要创造条件向学生和家长渗透新课程理念，通过家长会、微信、QQ、主题班会等多种形式，向学生和家长宣传学校的课程评价标准，使家长和学生清楚"什么样的课堂教学是符合素质教育理念的课堂教学""什么样的课是好课""什么样的学生是好学生"，帮助家长和学生掌握和理解现代学校课堂教学评价标准。家长和学生认识到了什么样的学生才是新课程下的好学生，自然就会有督促和自发准备好回答问题、在小组活动上大胆互动、在课堂上积极参与，使学生不只在学业上有所提高，在自信心、谈吐、思维上均能得到提升，而教师也能更明确地"让教"于学生，课堂上的针对性和策略性也更强了。

③ 尊重评价制度，不断改良评价制度。评价制度应该根据学校发展方向、学校学生的学情以及教师的教育教学能力来制定。评价标准也不是铁板一块，在实施过程中，我们要对评价中出现的问题加以分析，不断改进，既要防止矫枉过正，也要注意避免固执己见，对评价过程中出现的问题既不直接扼杀也不着急修改，可以广泛听取不同意见，边实施边调整。

在评价过程中，评价分数和预期中的分数有一定差异时，教师不要首先否定评价制度或听课教师的打分情况，而要先反思课堂是否以生为本，是否有讲多练少或者走向另一个极端的情况，这都需要学校和教师去沟通。当然，这要花费教师的一部分教学时间，因此教师需要在课前做更充分、更完善的准备，只有这样，教师、学生、学校才能共赢。

具体的课堂教学评价指标体系见表 2-3-1。

表2-3-1

执教老师		科目		班级			年　月　日第　节		
课题									
评价指标			评 价 标 准					分值	评分
教师为主导	教学设计	学习目标（板块1）	1. 符合课程标准和教材要求及学生的学情。 2. 明确、具体、合理、可操作性强，学生看得懂。					10	
		教学板块	教学板块清晰，紧扣教材，题量设置有梯度、适度。					5	
	教师素养	基本素养	1. 基本功扎实、语言规范，板书工整、清晰、简明。 2. 目标落实到位，课堂注重生成，勇于创新和尝试。					10	
		教学主张	1. 教学思路清晰，教学风格鲜明、突出。 2. 体现"双减"政策，注重学生兴趣培养。					5	
学生为主体	教学过程	预习反馈（板块2）	1. 学生能提前按照导学案的要求分层次完成预习。 2. 教师能了解学生的预习情况，进行部分批改，并在课堂上针对预习存在的问题进行讲解。					15	
		合作学习（板块3）	1. 全员主动参与交流、互动，课堂氛围民主、和谐。 2. 体验学习过程，勇于质疑、思辨，善于发表见解。 3. 合作问题明确、指令清晰，问题适合合作和探究。					15	
		展示反馈（板块4）	1. 展示合作成果，学生淡定、声音洪亮、大方自信。 2. 学生展示有层次，各类学生均有展示机会。 3. 教师能及时表扬或反馈学生展示中出现的问题，注重有效生成并及时进行合作研讨。					15	
		知识延伸（板块5）	对所学知识进行适当拓展或延伸，具有一定开放性和思维性，但符合学生认知能力的延伸。					5	
	目标评价	教学评价	1. 教学效果良好，能充分调动学生学习积极性。 2. 课堂纪律良好，活动有秩序，不同层次学生学有所得，求知欲得到满足，思维能力得到提升。 3. 对合作、展示的小组及时进行评价（评分）。					10	
		目标检测（板块6）	1. 课后小测验是否对应学习目标进行设置。 2. 课后小测验层次是否分明，有无考虑学情。 3. 有无完成目标检测和点评。					10	

合　计　总　分	100 分	
亮点和建议： 评课教师：		

当然，评价制度有时也是一把双刃剑，制定得好，能很好地调动教师、学生的积极性，但条条框框太多，可能也会造成教师的教学千篇一律，完全没有自己的教学个性。例如，为了让教师做到精讲多练，有不少学校规定教师只能在限制的时间范围内讲课，超出时间的要扣分等。这就明显不尊重教育教学的规律了，不同的学科、不同的内容所需要讲的时间肯定不会相同，学校的想法或可理解，但"一刀切"缺乏科学性，限制太多反而不利于教学的开展，这就需要学校的管理者在制定评价制度时有更多的教育教学智慧。

二、构建教学场景，让师生在和谐氛围中互动

生活中充满数学，数学源于生活但又高于生活。因此，数学课堂不能只讲知识，单调的知识、生硬的语言只会造成教学的枯燥无味。如果教师在课堂里能适当结合生活、联系生活，把学生喜欢的生活数学搬入课堂，那么学生对数学的兴趣将会倍增。

数学建构主义学习理论强调课堂教学应该创设真实情境，并把创设情境看作意义建构的必要前提。杜威也强调，课堂上教师要给学生准备一种真实的情境，一种与实际生活经验相联系的情境，使学生有兴趣了解、学习、探究，同时获得某种现实生活所需的经验。

杜威说："教育是社会生活，而不是对未来生活的预备。"在建构主义知识观下，课堂教学将对"教"的关注转移到了对"学"的关注上，以及对"教"与"学"互动过程的关注上，需要教师在教学中普遍采用探究、讨论、实验、游戏等多种活动，努力为学生的学习活动创造良好的学习环境，让学生与学习对象相互作用，并充分暴露自己的思维过程，使其主动认知、建构意义，进而获得充分发展。课堂中引入生活场景，引入学生感兴趣的场景和教学结合，才会取得意想不到的效果，如魔术。

著名的科幻小说作家亚瑟·查理斯·克拉克（Arthur C. Clarke）曾经说过："毫无疑问，任何足够先进的科技都源于魔术。"成功的魔术利用不寻常的思维方法或操作流程来揭示规律，这种新奇性为数学教师提供了一种新的教学手段，那些原本通过普通的教育方式无法灌输进学生大脑的数学知识，通过魔术便可以被学生顺利接受。

魔术在数学课堂教学中具有广泛的应用价值。[①] 学生对未知世界充满着好奇，总是期望探寻奇特的事物，如果教师在课堂上能结合教学穿插一些学生好奇、感兴趣的活动，课堂的氛围会被点燃不说，长期坚持下去，学生对课堂必定会充满好奇和期望，这对课堂教学的帮助不言而喻。为了培养学生细心观察的习惯，我会不定期在班上做一些小的魔术，通过魔术让学生去观察、猜测、研讨，既能营造热烈的课堂氛围，又极大地增强了学生学数学的兴趣。

【案例2】

教师先拿出一枚硬币，在讲台上转动（学生可以通过实物投影去看），转动后用盖子盖住，然后和全班学生一起猜正反面，猜错的坐下。如此几个回合下来，在剩下教师和几个学生时，教师加大了难度，同时转两枚硬币后用盖子盖住来猜正反面，结果，最后胜利的是教师。

师：为什么我会赢？

生1：老师，你的运气比我们好。

---

① MARTIN G. Mathematics Magic and Mystery ［M］. New York：Dover Publications Inc，1956.

生2：老师，你做了手脚，能通过盖子里的缝隙看到硬币。

生3：老师比较会猜。

……

"让教"意图：通过这种小魔术能营造良好的氛围，但变魔术的目的不仅是营造学习氛围（如果是这样，目的就显得单一），还要是让学生在开心、好奇中提出问题，进而慢慢地去猜想问题的正确性。

师生活动：教师让几个学生上来重复做魔术，教师站在台下有。几次魔术后，获胜的仍然是教师。这次活动说明，教师偷看、运气好、瞎猜的可能性都不存在，教师接着问。

师：既然不是偷看和运气好，那就排除了眼睛看的可能，老师还能通过什么去判断？

小组讨论……

小组1：只有通过闻或听了……

小组2：如果是闻，那我们也闻得到，如果是听，那声音有区别吗？老师会不会是用概率来判断的？

小组3：概率的本质就是猜啊！也不能每次都猜对吧？

……

"让教"意图：教师在提出问题后并不急于公布答案，而是让学生充分讨论，让学生的主动性得到最大限度的发挥，因为魔术的本质是手法或技巧，需要学生仔细去观察和思索。

师：好了，各个小组都给出了自己的想法，有些小组很接近但还没有解决问题，有没有考虑从器材或其他方面入手呢？

师生活动：通过教师的提醒，有的小组又从硬币、盖子，甚至是转动硬币的板上入手，有些小组则从转硬币的方式入手，有些小组提出：一定要转动硬币吗？抛起来后用手抓住再放在桌面上用盖子盖住，是否也可行？……

"让教"意图：根据学生讨论出来的思路，教师一步步给出小提示，把学生跑偏的思维拉回来，让学生的思维不至于太过发散。在教师、学生的努力下，学生终于把谜底揭开了。严格来说，这个小魔术并不属于数学问题，但通过这种小魔术能把学生的学习兴趣调动起来，能通过小组合作让师生之间、生生之间有情感上的交流，同时充分拓展学生的思维和见识。

谜底：教师事先在两枚硬币的一面贴一张透明胶，再把多余的部分修整齐，在转动硬币时，不会影响硬币哪一面着地，但由于贴了透明胶的那面着地时声音会短促浑浊，没有贴的一面声音清脆而悠长，通过听声音可以辨认是哪一面着地。当然有两个先决条件要注意：① 需要在硬的桌面上，这样才会有声音；② 需要转动硬币声音才明显，否则会没有声音，本次的魔术表演就会失败。

和数学有关的小魔术有很多，如骰子的摆放关联方程、扑克牌上的数字对称等，通过这些数学魔术能建构趣味浓厚的现实情境，极大地调动学生的学习积极性，激发学生主动探究新知的内驱力，有利于培养学生解决问题的能力和创新精神。长期坚持下去，学生每天都会期待这样的课堂，因为这是一种让学生真正成为学习的主人的课堂。

数学魔术能让学生迅速集中思维、展开想象；能培养学生合理猜测和验证的能力，激发学生的学习欲望，从而创设一种愉悦的学习氛围；能减少学生对数学的畏惧感，改变学生数学枯燥的印象，让学生亲身体验学习的乐趣，在快乐学习中获得知识。在魔术课堂里，精彩的魔术表演仅是序幕，表演完才是重头戏，考验着教师的教学功力：如何设计好的情境、好的提问、好的作业，这需要花时间和精力在实践中不断改进。魔术结束后直接告诉学生其中的诀窍，或者让知道的学生来讲原理是什么，那会非常可惜，极大地浪费了一个好的素材。表演完后不妨慢一点，教师和学生一起去探讨魔术成功的思路是什么，可以从哪个地方入手去想，让学生顺着关键点进行"挖掘式"的思考，这样魔术的价值才能完整地体现出来。

长期以来，学生都认为学习数学是枯燥的，甚至有的教师也这样认为。不可否认，由于学科特点，数学有很多的数字、概念、定理、公式，它们的推导需要一定的逻辑性和抽象性，从而使我们产生枯燥的感觉，但它的枯燥是表面的，我们一旦深入去了解它、理解它，就能看到数学是鲜活的，是有灵魂的。

师生互动可以有效地培养学生学习的积极性；师生互动可以有效培养学生

的创造性思维；通过师生互动，教师可以及时掌握学生的薄弱环节，学生可以发现自己的不足，及时进行修正；师生互动能够有效处理各种数学难题，有效地激发学生的学习兴趣，使学生的数学思维得到有效的增强。最重要的是，师生互动可以有效地提高学生的学习效率。在利用互动教学时，教师要做到动静结合，多创建问题情境，以形成学生间、教师间的互动，实现知识的有效分享，从而使学生的成绩得到提高。①

---

① 任善龙. 互动让初中数学课堂教学更高效 [J]. 文渊（小学版），2018（11）：229.

第四节 实验是"让教"的补充

内容导读

　　数学作为一门系统而严谨的演绎学科，较其他学科具有更高的抽象性、逻辑性。一方面，数学是一门严谨的演绎学科；另一方面，数学是一门归纳科学，如许多公理或定理就是在实验中被归纳、总结出来的。在有着承上启下作用的初中数学教学中，初中数学实验越来越受到重视，被引进教学后取得了一定的积极效果。

　　讲到实验，大多数教师脑海中首先浮现的是物理、化学等需要实际操作的学科，也有很多教师认为数学应该是一门纯理论的学科，数学的实验更多的是为了活跃课堂氛围，让学生爱上数学，这就造成了教师对数学实验理解上的一种偏差。数学实验是指研究与获得某种数学理论、验证某种数学猜想、解决某种数学问题的一种数学方法，是在典型的实验环境中或特定的实验条件下所进行的一种数学探索活动。

　　数学家欧拉说："数学这门学科需要观察，也需要实验。"西方国家的数学课堂在这方面起步较早，主要有三种理论：一是波利亚的"数学有两个侧面，一方面它是欧几里得式的严谨科学，从这个方面看，数学就像是一门系统的演绎科学；但另一方面，创造过程中的数学看起来都像一门实验性的归纳科学"。二是弗赖登塔尔（Fredenthal）的数学"再创造"理论，他认为数学学习是一种活动，这种活动与游泳、骑自行车一样，不仅需要看书本、听讲解、观察别人的演示，还要经过亲身体验，才能学会。三是建构主义学习理论，它认为情境、协作、会话和意义建构是理想的学习环境中的四大要素或四大属性,借助现代技术构建数学实验室,形成良好的数学实验教学环境,对传统数学教学会产生很大的冲击。这三个理论是当前数学实验的基石。

根据西方早期研究的三个数学实验理论,我们认为,初中数学实验教学指的是教师根据教学内容创设实验平台,让学生通过动手、动脑、讨论、操作进行实验,用实证的方法去发现数学结论或者验证数学结论的一种认识数学的方法。① 有效的数学学习活动不能单纯地依赖模仿与记忆,动手实验、自主探索与合作交流是学生学习数学的重要方式。

中学生的认知能力还有所欠缺,对抽象图形、理论概念的理解尚处在一个难以理解或理解不透彻的水平,课堂上只用理论教学必定会造成部分学生认知、理解上的障碍。但在课堂上,我们可以根据教学内容设计教学实验,让学生经历概念、公式的形成过程,让学生通过实验发现数学的本质,从而帮助学生理解数学。德国著名数学家高斯说:"研究数学的方法就是实验。"这说明,数学自身的发展是离不开实验的,同样的道理,数学实验也有其存在的必要性和重要性。既然实验在数学课堂里不可或缺,那实验对课堂中的"让教"活动有何影响呢?或许可以这样认为,"让教"在实验中是个充要条件:没有"让教",实验就无从谈起;而没有实验,"让教"就显得苍白无力,缺少灵魂。

一、实验在"让教"中的地位

要知道数学实验在课堂的"让教"中处在什么位置,我们首先要了解什么是数学实验。前面已简单阐述过,数学实验应是在一定的思想、理论和数学目的的指导下,对与数学知识相关的事物、模型等进行观察、研究,获得感性认知、验证或解决某种与数学相关的猜想或问题的一种研究方法。这个观察、研究当然不仅仅是教师在做,更是师生、生生互动参与,但师生、生生互动的结果或动手操作的实验更多地属于数学实验的一种成果展示,而数学实验的本质是科学研究。从深层次来看,数学实验教学培养了学生的科学探索精神,使其

---

① 卜以楼. 生长数学:卜以楼初中数学教学主张 [M]. 西安:陕西师范大学出版社,2018.

具备自主学习的能力，这也是学习的本质和教学的最终目的。

在前面的章节中我们讲过让学生参与数学课堂的重要性以及可行性，而在数学实验中就更离不开师生之间的互动了。缺少了学生参与的实验就只剩下教师在那里唱独角戏，自弹、自唱、自评、自我陶醉，至于学生是否能听懂、是否能欣赏，教师当然无从了解。此时，教师需要放手，让学生组成小组，或先独立探索再进行小组交流，不管哪一种形式，都能提高学生的合作能力，提升其个人综合素养。

这其中教师的定位需要清晰，教师不应翘首旁观、静待结果，而应深入小组参与研讨，找出好的方案。只有这样，才能突出在数学实验课"让教"于学生的意义。因此，初中数学实验课是离不开"让教"于学生的，离不开学生的独立自主和交流合作学习。

二、以教材为基础进行实验教学

在多种教学方法中，利用教材设计多种数学实验，让学生体验知识的来龙去脉，进而一步步深入知识的运用，是教师公认的好办法。但事实上，运用教材进行实验教学的教师却不多，他们一是顾虑进度，感觉课堂时间消耗过多，不利于控制时间，甚至会因此无法完成当堂的教学任务；二是觉得学生没有能力通过实验得出概念。因此，学生的数学学习更多以被动接受为主。这样，学生只看到了数学的外在却无法领略数学的内在美，时间一长，学生对数学产生厌倦就无法避免。实际上，学生真的没有能力去探究吗？还是每节课都需要让学生探究？任何的学习都讲究一个度，如同只会刷题的数学学习走不远一样，学生不是科研人员，用合适的内容让学生去参与实验，这样的实验才会充满"数学味"。实际上，初中数学教材中包含丰富的实验素材，利用得当，有助于提升学生的学习质量，增强学生的学习兴趣。

在初中数学教材中，有很多公式、定理、概念，如何让学生牢记这些知识，并对其加深理解、广泛运用？通过数学实验可以达到这一目的，数学实验的教学本质是以数学问题为出发点，以获得数学结论为目标，充分展示探究过程的实践活动。① 课堂上的数学实验应当有明确的目的,借助一定的工具通过实验完成教学目标,是实验的归宿。而实验的工具是数学实验的一种手段。根据数学实验的目的、应用的知识和选用的工具等方面的差异,初中数学实验分为验证型数学实验、探索型数学实验等。② 不同的实验类型有不同的教学结构。

1. 验证知识结构,判断知识的正确性

验证型数学实验是课堂里比较常见的一种实验方法,教师组织学生独立思考,小组研讨、展示,通过一定的方法对教材给出的概念、公式、定理等进行推导、验证、归纳等,检验得出的数学结论是否正确。在这个过程中,不排除学生得不出正确的结论,甚至得出的结论与所给的结论相反的情况,这时需要调整实验方案。通常来说,要从猜想或结论入手去验证,这是演绎与归纳紧密结合的一种方法,具有操作简单、直观明了、思维起点低等特点,其一般结构如图 2 - 4 - 1 所示。③

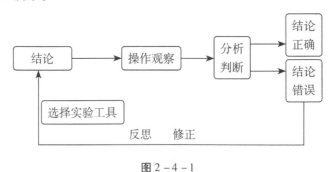

图 2 - 4 - 1

从图中可以看出,师生得出(或猜想出)结论后通过对其进行操作观察和分析判断来验证猜想(或结论)是否正确,教师的功能被弱化为和学生一起进行结论的验证,此时教师起着引导、协助的作用。学生的验证难免不到位,教师要和学生一起检验实验工具的选择是否有误或操作过程中的步骤、程序是否

① 喻平,董林伟,魏玉华. 数学实验教学:静态数学观与动态数学观的融通 [J]. 数学教育学报,2015,24(1):26 - 28.

② 董林伟,孙朝仁. 初中数学实验的理论研究与实践探索 [J]. 数学教育学报. 2014,23(6):20 - 25.

③ 赵维坤,章建跃. 初中数学实验的教学设计 [J]. 课程·教材·教法,2016,36(8):102 - 107.

出错，并进行反思，再重新选择适当的方法进行验证，直到能够得出正确的答案。

【案例1】

在北师大版教材七年级下册《平方差公式》的教学中，为了验证公式的来源是否正确，我在课堂上安排学生采用拼图的方法来验证。

实验目的：通过拼图活动，经历操作、观察、思考、交流等活动过程，验证平方差公式，体会数形结合的方法，发展几何直观思想。

实验准备：边长为 a 的正方形彩纸两张。

推理论证：通过拼图去验证 $(a + b)(a - b) = a^2 - b^2$。

拓展应用：用发现的结论计算 $(a + 2b)(a - 2b) = a^2 - 4b^2$。

实验过程：每名学生准备一张边长为 a（假设边长为 a）的正方形彩纸，小组讨论如何得到 $a^2 - b^2$ 这个代数式。

小组1：因为要得到 $a^2 - b^2$，彩纸是正方形，边长为 a，所以就有了正方形的面积为 a^2，因此可以得出 b^2 是边长为 b 的正方形的面积。

小组2：我们觉得边长 $b < a$，这样才会出现 $a^2 - b^2$ 为正，否则结果会为负。

小组3：我们觉得可以这样构造图形，图 2-4-2 中的阴影部分面积就是 $a^2 - b^2$。

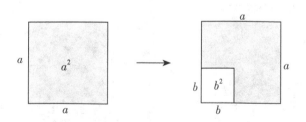

图 2-4-2

师：非常好！已经得到右边的结果了，哪个小组能得到因式相乘吗？

小组4：在图 2-4-3 中，我们可以把右下角剩下的长方形补到上方的长方形中，就得到一个大的长方形，它的长为 $(a + b)$，宽为 $(a - b)$，所以面积为 $(a + b)(a - b)$。

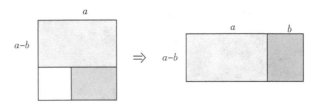

图 2 - 4 - 3

小组 5：因为两种计算方法都是在求阴影部分的面积，它们是相等的，所以有 $(a + b)(a - b) = a^2 - b^2$。

师：非常好！你们充分利用了面积的割补法来验证平方差公式的正确性，还有其他不同的方法吗？

小组 6：我们小组和小组 1 一样，也做了一个那样的图形，但我们的验证方法不同。

小组 6：图 2 - 4 - 4 阴影部分的面积还是 $a^2 - b^2$，但阴影部分还有另一种求法，把两个正方形的顶点连接起来就构成了两个一样的直角梯形，再把直角梯形拼成图 2 - 4 - 5 所示的等腰梯形，根据梯形的面积 $S = \frac{1}{2}(2a + 2b)(a - b)$，化简得到 $(a + b)(a - b)$，因为是同一个面积，所以可得 $(a + b)(a - b) = a^2 - b^2$。

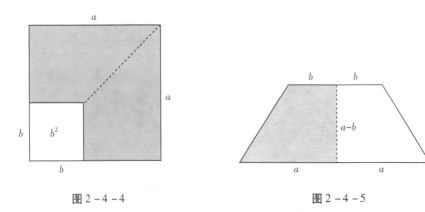

图 2 - 4 - 4   图 2 - 4 - 5

师：非常好，刚才几个小组的方法都可以验证平方差公式是成立的。现在我们能否用几何图形来验证一下 $(a + 2b)(a - 2b) = a^2 - 4b^2$ 是否成立呢？

（讨论后）

小组 7：仿照小组 6，我们画了图 2 - 4 - 6，可以验证 $(a + 2b)(a - 2b) = a^2$

$-4b^2$ 是成立的。

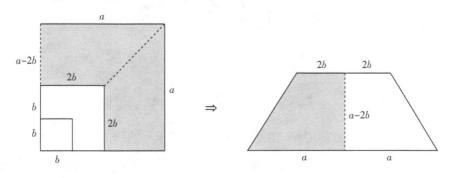

图 2 - 4 - 6

"让教"意图：在上述验证过程中，先安排拼图实验是为了进一步验证平方差公式，然后通过代数推理证明公式的正确性，利用了数形结合的数学思想，让学生理解抽象的几何图形可以和数学模型连通，让学生清楚公式结构和图形结构可以互相转化、相互验证。再通过拓展应用，让学生体会运用公式进行计算的便捷性以及建立图形直观解释代数结果正确性的普遍意义，既加深了学生对公式的理解，又提高了其学习兴趣。

在很多的课堂教学中，教师由于唯教参、唯刷题，不注重对教材的研读，自然无法弄清楚教材设计问题的本意，或者在教学中忽略了师生之间的互动，把理解性的学科教成了记忆性的学科。所以教师在处理教材时对于概念的教学，不能简单地告知、传授，要和学生一起去判断知识的正确性，让学生知其然更知其所以然，引导学生去验证知识，让学生真正理解知识的形成过程。

2. 探索知识结构，体验知识的生成

探索型数学实验是对教材出现的概念、公式等通过动手实验、观察、归纳，结合给出的情境条件进行探究从而得到正确结论的一种实践活动。这样的探究活动开放性强、知识的生成程度高。一般来说，它具有图 2 - 4 - 7 所示的结构。

初中教材中出现的概念、公式和定理有很多，是不是每一个都需要和学生探索、研讨呢？笔者觉得，如果概念揭示了某种规律性的东西，而通过探索学生能够找到这种规律，领会数学的魅力，这样的探索就很有必要了。但有些概念是前人长期积累经验得出的，这时去探索意义就不大了。

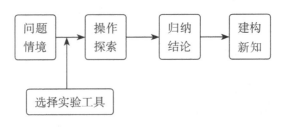

图 2-4-7

例如 0，从自然数的出现到 0 的出现经过了五千年的历史，这时让学生了解它的意义就足够了，如要探索自然数为何从 0 开始，教师一时难以解释清楚，有些内容超出学生的认知，实施探索型实验对学生来说也是极不容易的。再如，圆周率、勾股定理，关于祖冲之是如何把圆周率计算到小数点后第七位的这个问题，到现在也是一个谜，至于勾股定理的推导，更是几千年来数学家们的心血，这时教学过程由探索改为介绍勾股定理的发展史可能会更好。

探索型实验的目的是得到新结论，从认知过程看，主要是学生在教师的指导下，借助实验工具开展数值运算、图形变换、动态实验等活动，通过观察实验现象，以及分析、比较、归纳、概括等一系列思维活动发现相应的数学结论，从而明确数学知识及其蕴含的思想方法的来源，为后续的推理论证、理解和掌握数学知识提供认知准备。①

【案例 2】

在八年级《多边形的内角和》一课中，我和学生一起通过数学实验推导得出了多边形内角和的概念。

实验目的：利用剪纸拼图、数的计算得出定理，从中体会数形结合的方法，发展几何直观思想。

实验准备：利用几何画板制作的课件、表格纸、量角器、剪刀以及彩色 n 边形（$n = 3$，4，5，6，7）。

问题 1：三角形、长方形、正方形的内角和是多少？

"让教"意图：通过学生熟悉的知识引入新知，同时为后面的猜想做好铺

---

① 赵维坤，章建跃. 初中数学实验的教学设计 [J]. 课程·教材·教法，2016，36（8）：102-107.

垫，让学生体会从特殊到一般的数学思想。

问题2：猜想一般的四边形、五边形、六边形的内角和分别是多少。

问题3：用量角器量出每个内角，并把内角加起来（表2-4-1），看看你的猜想是否成立。

表2-4-1

多边形	三角形	四边形	五边形	六边形
内角和	180°	360°	540°	720°

"让教"意图：通过测量让学生对自己的猜想有一个初步的认识。当然在测量时会进行小组合作，每个学生测量一个多边形，再去收集全班各个小组测量的结果。由于受工具和操作规范性的影响，对于同一个多边形，不同的学生测量出来的角度会有不同（学生测量难免会出现小数，应当鼓励），取结果间值（实际学生测量结果也不是全部为整数）。

问题4：你们测得的四边形的内角和是否等于360°呢？能证明你的结论吗？

师生活动：如果学生不能从三角形的内角和得到方法去说明四边形的内角和，教师可以引导学生——四边形可以分成几个三角形？如何分？让学生的思维从四边形转向三角形，由一般到特殊。

追问：如图2-4-8所示，对角线的连接起什么作用？

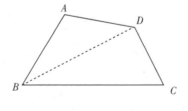

图2-4-8

"让教"意图：猜想—测量—验证，体现了从特殊到一般、从数结构的研究到图形结构的研究。追问是为了进一步让学生体会对角线在探索四边形内角和中所起的作用，既体现了数学上的化归思想，也为下一步继续研究多边形的思维拓展做好铺垫。

问题5：如图 2-4-9 所示，你能探索出五边形的内角和吗？

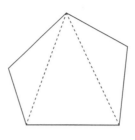

图 2-4-9

追问：如图 2-4-10 所示，从六边形的一个顶点出发，可以作几条对角线，它们将六边形分为＿＿＿＿＿＿个三角形。六边形的内角和等于 $180° \times$ ＿＿＿＿＿。

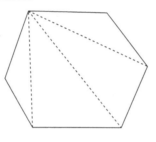

图 2-4-10

问题6：你能从四边形、五边形、六边形的内角和的研究过程中得到哪些启发？（图 2-4-11）你发现多边形的内角和与边数的关系了吗？能证明你的发现吗？（表 2-4-2）

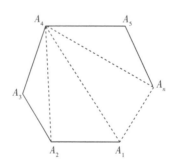

图 2-4-11

表 2-4-2

边数	从某顶点出发的对角线数	三角形数	内角和
4			
5			
6			
⋮			
n			

"让教"意图：通过观察多边形边数和三角形的关系，明确相关因素对五边形、六边形内角和的影响，为从具体的多边形内角和抽象到一般的 n 边形的内角和奠定基础，再通过填写表格，回顾 n 边形内角和的探索思路，从而得到求 n 边形内角和的一般通式。

追问：刚才我们是通过从一个顶点出发连接对角线将多边形分割成若干个三角形来求多边形的内角和的，是否还有其他方法？

师生活动：学生小组讨论后，把讨论的结果在黑板上展示出来，得到图 2-4-12 所示的两种解法。

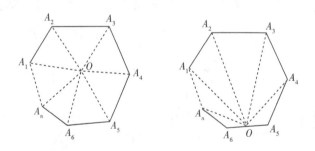

图 2-4-12

小组1：可以在多边形内找一点连接各个顶点，构成 n 个三角形，根据三角形内角和为 $180°$，可以得到 n 个三角形的内角总和为 $180°n$。又因为以 O 为圆心的各个角的和为 $360°$，所以 n 边形的内角和为 $180°n - 360° = (n-2) \times 180°$。

小组2：根据前面的研究，解题策略是构建若干个三角形。因此我们采用了图 2-4-12 右图中这种做法：可以在任意一边上找一点 O，再连接各个顶点，则可以构成（$n-1$）个三角形，根据三角形内角和为 $180°$，则总和就（$n-1$）$×180°$。但由于 O 点在其中一条边上，所构成的角的和为 $180°$，不属于 n 边形的内角和，所以得到多边形内角和为（$n-1$）$180° - 180° =$（$n-2$）$×180°$。

"让教"意图：本节课紧紧抓住数学实验，通过探索得出数学结论。教师没有直接告知知识点，而是在设计中首先从"数"的角度研究多边形的内角和，通过度量让学生猜想出内角和，再从"形"的角度去探究多边形的内角和，既体现了从特殊到一般的思想，也体现了数学的化归思想。增加"数"的理解让学生更容易入手，加上"形"的证明体现了数学的严谨性。

数学家华罗庚说过："形缺数时难入微，数缺形时少直观。"所以探究内角和时"数"和"形"的角度缺一不可，量度数会有误差，拼角也会存在缝隙，刚好可以利用这两个矛盾为推理论证做铺垫。量只能作为猜想的依据，而推理论证才能真正说明猜想的正确性。

课堂上的数学实验对学生的影响是很大的，他们需要通过自己的观察、猜想、论证得出结论，这对学生的理解、记忆、运用知识都是大有益处的。相对于教师直接讲授概念，这样的教学对学生而言是有"数学味"的，是有一定的灵活性的。由此看出，数学实验对于数学教学而言既需要又必要。

三、用实验加深学生对数学概念的理解

我们在课堂教学中经常会遇到这种现象：教师自认为对概念的讲解非常到位，也花了很多时间去推导概念的来源，但学生对概念就是不太理解，在做题时经常忘记或用错概念。产生这种错误的原因是：学生对概念没有真正理解；也有部分学生的基础不牢固，对从形象事物转化到抽象事物再到通式更是难以理解。此时，由于只是教师把教学重点放在强调概念的运用上，而忽视了概念的来源，导致学生接二连三地犯这种错。课堂上采用数学实验的方式会让学生对概念有一种本质上的认识。

为什么会这么说呢？我们先来比较一下传统的数学教学和数学实验课。传统教学主要采用课堂讲授方法，形成单向的"教师讲、学生听"的教学信息交

流模式。这就导致了教学双方互动的不对称性，学生掌握知识较为浅显，缺乏深入的思考，容易养成被动接受教师灌输的既得理论的习惯。[1] 而在数学实验课堂里，教师会给学生提供更多的实践机会，鼓励学生动手探索，通过亲身实践去总结出规律性或者结论性的数学知识，通过实验的手段去理解数学原理，以此提升教学效果。[2]

我们都知道数学学科的逻辑性较强，有时往往难的不是问题的结果，而是解决问题的思路及如何联想到这一思路。我们对教材练习稍加注意就会发现，教材练习量不是特别大，技巧性强且花样百出的习题不是很多。但习题的选择是非常讲究的，除了作为对概念的巩固，也特别注重契合概念的推导和思路，尽管运算难度不大，但逻辑性很强，能够让学生既容易得出结果又能较好地理解解决问题的思路。因此，如果我们在教学中通过实验教学引导学生自主探究，鼓励学生通过实践去总结出规律性或者结论性的数学知识，对学生理解理论性强的数学概念是有很大帮助的。

【案例3】

在七年级下册《完全平方公式》一节中，学生总是把 $(a+b)^2=a^2+b^2$ 这种错误的式子当作成立的，针对这种情况，课堂上我设计了如下数学实验帮助学生加深理解。

问题 1：你能举例说明 $(a+b)^2$ 和 a^2+b^2 相等吗？为什么？

"让教" 意图：教师并没有直接问学生这两个式子是否相等，而是让学生去举例，符合从特殊到一般的研究思想，通过举例让学生对两个式子有一个基本的判断，之后再进一步去研讨。

小组 1：我们小组设 $a=2$，$b=3$，则 $(a+b)^2=(2+3)^2=5^2=25$，右边为 $a^2+b^2=2^2+3^2=13$，显然 $25\neq13$，所以 $(a+b)^2\neq a^2+b^2$。

问题 2：小组 1 运用举例子的方法来判断，特别好，因为字母就是表示数字，这个方法是可行的，那从式子的结构上又能做出怎样的判断呢？

① 郭宗庆，毋胭脂. 论数学实验的内涵及相关概念的区别与联系［J］. 教育与职业，2007（8）：180–182.
② 赵雯君. 初中数学实验的理论探索与教学设计研究［J］. 中学数学，2019（22）：73–74.

小组2：$(a+b)^2$ 的式子结构是多项式乘以多项式，所以可以写成 $(a+b)^2$ $=(a+b)(a+b)$，通过计算可以得到 $(a+b)(a+b)=a^2+2ab+b^2$，显然从式子结构来看和 a^2+b^2 结构会有很大的不同。

"让教"意图： 在通过数值代入判断不相等后进一步让学生从知识的根源去理解、去判断，加深了学生对知识本质的理解。

问题3： 从特殊值和式子的结构都能判断它们不相等，除此之外还有其他的方法能说明它们不相等吗？

小组3：可以画图（图2-4-13），从左边式子抽离出图形就得到右边的 a^2+3^2。

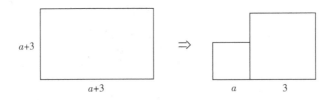

图 2 - 4 - 13

小组4：左边的长和宽都等于 $a+3$，不符合长宽概念。

小组4、小组5：我们画出的是图2-4-14，其中左图表示正方形中含有两个 a^2 和 3^2 的面积。右图是直接把含有的 a^2 和 3^2 剥离出来，可以更清晰地看出它们的区别。

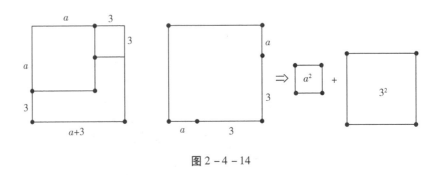

图 2 - 4 - 14

小组6：小组4、小组5和小组3相比，有一定的提高，但我们组觉得这两个组还不能完全把它们的区别表达完整。左图有区分度但没有剥离，右图有剥离但在第一个图中没有区分度。

小组6：结合前面几个小组的图形，我们小组觉得既然要体现 $(a+b)^2$ 的图形，而 $(a+b)^2$ 式子的结构和正方形面积相像，那么应该在一个正方形中也能体现 a^2+b^2 这个式子，而在 $(a+b)^2$ 中刚好就含有这个式子，再加上之前的平方差和完全平方式都是通过图形来验证它们的正确性，这个式子也可以通过图形（图 2-4-15）来验证。

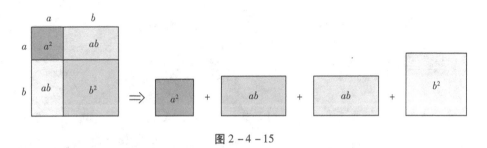

图 2-4-15

"让教"意图：通过图形，学生能很清晰地看到 $(a+b)^2$ 和 a^2+b^2 的区别，$(a+b)^2$ 比 a^2+b^2 多了两个长方形的面积，即 $2ab$，这种比较对学生的冲击是比较大的，也会让其有较深的印象。从"数"的感官到数的验算，再到本质的探讨，最后到"形"的证明，让学生在数形结合中体会它们的区别，这种数学实验在课堂中的作用就比较明显了。

学生经常犯这种错的原因是：容易把 $(a+b)^2$ 这个式子和小学学过的乘法分配律搞混。因为从式子的结构来看和乘法分配律有几分相似。这属于新知识和旧知识在认知上的冲突，也是学生在学习新知识时常犯的错。如果教师只是直接要求学生背熟这个式子，那学生背熟的只是式子的结构，至于式子的内涵、为什么会不相等，学生可能永远都无法知晓，时间一长，记忆模糊时，又会回到最初的状态。所以，当学生产生认知冲突时，我们可以多让学生做数学实验，让学生切身体会知识中的奥妙和变化，这对学生的学习会有很大的帮助。

第五节 "让教"是让学生去质疑

内容导读

《陆九渊集·语录下》里有一句名言:"为学患无疑,疑则有进,小疑则小进,大疑则大进。"质疑对课堂所起的作用是明显的,有质疑的课堂才是思维最活跃的课堂,因而学生没有问题或提不出有价值的问题时,教师应有意识地与学生互换角色,提出重点问题,引导学生质疑、解疑。久而久之,课堂就形成了宽松、活跃的质疑氛围。

目前课堂的教学主流仍然是"师者为先"的授课方式。一直以来,我们奉行的都是经验性的传授,学生只需要听,就算没有听懂,也不会主动去问。假如教师讲错,一些学生还可能会把错的当作对的来听。但随着时代的迅猛发展,现代教育主张"教师为主导,学生为主体"的模式,早已摒弃了那种你问我答的教学模式。以生为本、尊重个体的差异是教育的主流。因此,教师要引导学生把看法讲出来、对于不理解的问题大胆提出来,只有学生提出问题、讲出想法,教师才能知道学生对知识点的掌握情况。

爱因斯坦说过:"提出一个问题比解决一个问题更重要。"美国华盛顿的一所大学里有句名言:"我听见了,就忘记了;我看见了,就记住了;我做过了,就理解了。"因此,我们要重视学生获取知识的思维过程。

思维从动作开始,如果切断了动作与思维的联系,思维就得不到发展。这些无不指向质疑对于学生学习数学的重要性。那如何让学生做到从无疑到有疑呢?美国教育家杜威认为,当一个人面临"三岔口的情境"或者遇到令自己困惑的问题时，他就会受到刺激，去进行反省性探究。因此，在课堂上，教师应鼓励学生提出问题，大胆质疑，不要因害怕提的问题简单或质疑的问题错了而羞于提问。教师需要多鼓励学生质疑，也需要创设平台，给学生表现的机会。

在"让教"课堂上，让聆听的学生大胆去质疑讲课的学生无疑是很重要的一环。学生尽管提前进行了预习、准备和学习的活动，对所学知识的来源、应用甚至拓展已有了一定的了解，也能适当解决一些相关的问题，但受年龄和思维的限制，学生认为会解题目、会应用知识就代表理解了知识，因而对知识点的理解肯定会有一定的局限性。再加之"小老师"受知识面局限，想达到教师那种游刃有余的水平显然还很难，因此在教学时对知识点的处理会令同学有很多的疑问或不同的意见。

这时，教师在"小老师"讲完后可以在班上问上一句："还有其他疑问吗?"这样的问法一方面能引导其他学生把心中的疑问说出来，让"小老师"去帮助解决；另一方面，通过这样的提示让"小老师"产生一定的压力，使其准备得更加充分。最重要的是，通过质疑引发学生对问题的不同理解，把各种不成熟的理解暴露出来，随后通过小组合作、讨论、争议，最后得出正确的结论（当小组合作遇到困难时再来寻求教师的帮助）。

一、鼓励学生质疑问题

课堂教学中经常会见到这种情景：教师为了赶教学进度，生怕一节课完成不了教学任务，就不去考虑学生是否听懂了，把课讲完就算，空留下学生一双双疑惑的眼睛。有的教师甚至认为，让学生去质疑会很浪费时间，因为学生提出的问题往往"很肤浅""很幼稚"，回答问题浪费时间，不回答又好像没尽到义务。有这样想法的教师不在少数。当学生提出问题时，甚至有教师会直接对学生说："你们提出问题时要经过深思熟虑。"言下之意就是"没有深度的问题就不要提了"，这样一说，直接让学生不用去质疑了。其实，学生那些"很幼稚""很肤浅"的问题就是问题最初的来源，学生只有经过"幼稚""肤浅"的质疑，才会有后面的"深奥""有内涵"的问题质疑出现。要鼓励学生多问、多质疑，不因问题简单而轻视或置之不理。牛顿伟大的万有引力定律不就是由一个"简单、肤浅、幼稚"的苹果下落的问题而引发的吗？因此，课堂上教师要鼓励学生去质疑，哪怕学生质疑的问题很简单，也要给予学生肯定的评价，说不定下一个牛顿的出现就是从你课堂上最基础的质疑开始的呢！

从无疑到有疑是件很难的事，但更加难的是从有疑到有勇气在众人面前把"疑"说出来。前者指向是否思考过问题，后者指向思考的深度以及心理问题；前者属于个人学习的问题，但后者就属于群体问题了。因为自己的"疑"在他人面前极有可能是个"易"的问题，这需要质疑者有较大的勇气去面对。在质疑的初期，放飞学生的思维很重要。因此，教师既要鼓励学生质疑，又要在班级里强调不能嘲笑质疑者，让质疑的学生敢于、勇于质疑而无后顾之忧。为了鼓励学生质疑，我在班级里一直尝试以下的做法，收到了较好的效果。

1. "先学后教"，利用线上进行研讨

为了让学生大胆质疑，教师让学生先预习再进行研讨。每个学生在预习后在小组里提出自己对预习的一些问题和想法，这时的质疑往往是初始的、稚嫩的。例如，在预习完《一元二次方程》后，很多学生提出："一元二次方程只能是三项吗？""一般形式没有常数项是否可行？""常数项只能放在等式的右边吗？"这些问题看起来很稚嫩，但确实是学生对问题思考的最原始状态。

在小组里提出这些问题后，利用小组进行交流，再由小组长或其他学生进行解读，这样的质疑和解读会让更多的学生参与进来。当遇到解决不了的问题时，组长会把问题反馈到组长群，让组长们进行研讨，同时在班级设立"数学攻坚组"，对所提出的问题进行解释。当问题解决后，再由组长把原先解决不了的问题反馈给小组。对于组长都解决不了的问题，教师也不着急把问题的答案告知学生，而是由课代表把全班没有解决的问题进行汇总。此时，小组—组长—攻坚组就组成了问题的三级研讨串，既解决了最初稚嫩的问题，也让学生看到了其他小组提出的不同问题，对帮助学生理解新课有很大的帮助。

2. 五分钟"质疑"时间

前一天的预习和质疑难免会遗留很多没有解决的问题，这些质疑会有较大的学习价值，教师可以在课堂上抛出来让学生进一步去讨论和提出新的问题。此时，教师并不马上给予解答的原因是：经过一个晚上，学生可能会有新的想法要补充。给学生 5 分钟的时间进行激烈讨论，这 5 分钟也是学生之间思维碰撞的 5 分钟。把时间交给学生，让他们自己去消除脑海中的疑惑。

在那节《一元二次方程》课上，学生就提出："方程的各项系数对方程是否有影响？""一般形式中等式的右边只能为 0 吗？""我们前面不是已经学过好几种不同类型的方程吗，再学这个一元二次方程的目的和意义何在？"显然，学生提出的问题已经由开始的稚嫩提升到了一个很高的水平，甚至有些超出了本节课学习的范畴。但这些正是我们在课堂上需要看到和听到的，也是后续课堂里每个学生需要逐个去突破的。只有鼓励学生去质疑，学生才会有更多的奇思妙想。

当学生质疑时，教师的作用是举足轻重的。长期以来，一些教师往往把自己看作真理的化身，学生也习惯了用仰视的眼光来膜拜教师，此时的教师具有一锤定音的"话语权"。正因为如此，在质疑的初期，如果教师过早介入，那么讨论的味道就少了，强行组织学生讨论的意义也不大，而如果教师讲得太多，那学生就只有听的份儿了。

这就要回到我们的本意上来，质疑是为了什么？学生质疑除了让"小老师"去消除质疑的同学心中的疑惑，另外一点是让其他同学去思考这个问题的正确性。因此，当有学生质疑的时候，教师首先要让"小老师"去解释质疑的问题，当"小老师"遇到困难无法解决时，教师可以就问题让学生展开研讨，此时教师应当做一个倾听者，聆听每个学生对问题的看法。如果发现研讨问题的方向偏了，教师可以适当给予提示，让研讨回到正轨上来。当然，最终我们需要把质疑的问题从问号变为句号。

二、课堂上如何倾听

"让教"过程中，我们强调教授的学生讲完后留出时间让其他学生提出不同的疑问。那学生质疑后又该如何处理呢？教师只是简单地把问题解决了还是让学生去讨论，毕竟直接回答少了些思维的味道，那什么问题都去研讨的话课堂时间是否足够？所质疑的问题是否都有讨论价值呢？

其实不用教师着急去回答学生的问题，也不用每次的质疑都组织学生进行研讨。教师直接回答学生的问题直接扼杀了问题的悬念性，对于学生的质疑则需要考虑问题的价值、课堂的时间。完全可以让"小老师"来尝试回答质疑，而教师真正要做的就是认真倾听学生的回答。

"倾听"一词在《辞海》里的解释为"用心细听"。国际倾听协会是这样定义"倾听"的：倾听是接受口头及非语言信息、确定其含义和对此做出反应的过程。莎士比亚说："最完美的说话艺术不仅是一味地说，还要善于倾听他人的内在声音。"倾听在我们的课堂里一直是学生的专利，但在"让教"课堂里，我们把教师的讲变为学生的讲，把学生的听变为教师的听。

"听"是教师所做的最主要的无形工作。教师能否抓住学生回答质疑时的一丝光亮、一丝价值、一点启发等教学资源，再进行机智应对，关键就在于教师的倾听。从某种意义上说，"听"比"问"更重要，因为它决定了教师下一步的提问和讲解的方向、内容、依据。①

教师从"讲"到"听"，不仅仅是器官上的转换，更多的是角色的互换。受笛卡儿主客二分的二元论的影响，一些教师使学生在教育过程中被对象化、客观化，认为学生只是教育者达到教育目的的手段和工具，而不是活生生的生命存在。但比教师和学生地位都要高的是知识、是方法，当前各地都在大力推行新课程改革，如生本教育、生命教育……这些课改都指向以学生为主体的课堂。

在认识到学生作为一个个体在生命中的价值、地位后，不仅要赋予他们知识，还要带领他们去探求知识，教师的角色更多的是引导者。在这个过程中，学生的"讲"和教师的"听"对帮助学生去探求知识起到了很好的作用。伽达默尔在《论倾听》一文中指出："没有理解的纯粹倾听是不存在的。显而易见，也不存在某种没有倾听的理解。"也就是说，教师的倾听不是纯粹地"听"，"听"的背后是思维的暗涌、交错，是时刻准备着提出、解决问题的一种状态。既然倾听如此重要，那它既是一种责任，也是一种能力的体现。

1. 教师要做一个专心和诚心的听众

教师"让教"于学生后，由于学生个体能力的差异较大，"小老师"们对

---

① 晁红侠，陈寅. 论教师的倾听 [J]. 才智，2010（8）：77.

问题的理解、解读和授课方式与教师的预期会有较大差距，而学生的授课和回答又是间断性的、碎片化的，无法对知识进行有效的串联和系统的回答。这时，有的教师在黑板上书写其他问题并未专心去听学生的回答，有的教师怕学生的回答拖拖拉拉、讲得太久，直接把答案提供给学生，或者在学生回答的方向和思路不合自己的想法时直接打断学生的回答。其实，学生在回答问题时最在意的除了答案的正确性，就是教师的态度，教师良好的态度、鼓励的言语、信任的眼神能带给学生更多的信心。因此在学生发言时，教师一定要专心听，既要有反应地倾听，又要诚心地听。

鼓励的语言和信任的眼神是每一个学生回答问题时勇气的源泉，教师有时一个不经意的动作就会激励或挫伤学生的信心。因此教师可以多尝试用眼神去和学生交流，在学生回答不顺畅时不急着打断。教师可以适当地提示、引导学生的思维。倾听，不是单向地听对方的独白，而是一个双向交流的过程，成功的交流有赖于双方的积极参与。教师应捧着一颗真诚的心投入到交流中。爱是人类最美的语言，"没有爱的教育就像晒干的丝瓜，无汁无味"。人本主义心理学家罗杰斯认为："成功的教学依赖于一种真诚的尊重和信任的师生关系，依赖于一种和谐安全的课堂气氛。"①

江苏特级教师刘祥曾在一篇文章中写道，他在一次借班上课的公开课中，叫了一名举手的同学来回答问题，由于现场有很多老师听课，学生可能是紧张，站起来后半天说不出话来。面对众多听课老师和其他同学焦灼的眼神，老师这时也很紧张。此时他可以直接让这名学生坐下找另一名学生来补充回答，或许大部分老师都会这样做。但这样的做法对站起来的这名学生无疑是一个打击。刘老师尽管内心也紧张，但还是用坚定的眼神望向那名学生，在他还是无法回答的时候灵机一动，叫他到黑板前把答案板书出来，这一叫直接缓和了学生的紧张情绪，学生顺利把答案写了出来。

在课堂上，这种现象时常发生，刘老师没有直接打断也没有显得不耐烦，而是用另一种很聪明的方式去鼓励学生回答。这种鼓励收到了良效，这样的倾听虽

---

① 颜林忠. 教师要善于当听众 [J]. 小学教学设计（数学），2014（32）：53–54.

然消耗了时间，但对学生来说无疑是有益的，对其将来的成长的影响也是积极的。教师表现出足够的耐心和诚心，在学生回答出现障碍时没有直接打断或告知答案，这种倾听是在以学生为本、尊重学生的前提下进行的。

2. 教师要做一个耐心和热心的听众

学生由于受知识面的限制，回答问题连贯性、系统性较差，所说的答案往往和教师心目中的答案有较大差距。这时教师不必非要扭正学生的答案，提示或直接叫停学生的回答对学生都是很大的打击，原本属于生生交流或师生交流的美好瞬间可能会因教师不经意的举动而消逝。

"让教"的目的不仅仅是要知道学生的答案，更是要知道学生如何对问题进行思考。每个回答问题的学生都代表着他那一个群体对问题的理解，如果一个学生的回答有偏差，恰恰说明这个群体可能都会出现这样的偏差。教师了解这部分学生群体的想法，对帮助他们掌握知识会有更大的帮助。因此，我们需要做一个耐心和热心的听众，让学生完成表述。

无论学生的答案正确与否，教师都应站在欣赏者的角度给予鼓励和赞美。事实证明，教师要善于蹲下来和学生交流，走进学生的内心，倾听他们的心语。欣赏学生，能够使师生情感共鸣，心灵共振，激发学生的潜能，培养学生健康的情感、健全的人格。

【案例1】

北师大版七年级上册《一元一次方程》的教学片段：

师：如何解方程 $3x - 3 = -6(x - 1)$ ？

生1：老师，我还没有开始计算就看出来了，$x = 1$。

师：光看不行，按要求算出来才算对。

生2：先两边同时除以3，再……（被老师打断了）

师：你的想法是对的，但以后要注意，刚学新知识时，记住一定要按课本的格式和要求来解，这样才能打好基础。

在这次师生对话中，首先，教师的提问过于直接，几乎没有给学生留出提问时间，因为问题问得直接，也几乎没有学生主动提出其他不同的问题和见解；其次，教师在倾听学生的回答时，听到学生的回答不合自己的思路，便心急地打断了学生的发言。如果教师采取另一种问法，效果会更理想：

师：同学们对解方程 $3x - 3 = -6(x - 1)$ 有无更好或其他的想法？

生1：老师，我还没有开始计算就看出来了，$x = 1$。

师：这么聪明，那请你来分享一下是如何看出来的。

生2：先两边同时除以3，再……

在这简短的对话中，教师对学生的要求从绝对到分享、从扼杀到鼓励、从打断到倾听，无不体现了既然"让教"于生，那就做一个诚实的倾听者的态度。在"让教"中，教师需要做的是适当点拨、引导、归纳等。有了这样的倾听，学生还会犹豫要不要质疑吗？

【案例2】

在讲授《平面直角坐标系》这一课时，为了让学生对地理坐标系这一知识点更清晰明了，我设计了图2-5-1所示的情境让学生去思考、探讨、回答。

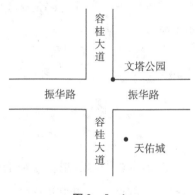

图2-5-1

生L：电信局在容桂大道西边50m，振华路北边300m。根据提示，你能在图中找出电信局的位置吗？条件足够吗？能用数学的哪个知识来描述它？

师：生L是怎样描述电信局的位置的？

生1："容桂大道西边50m，振华路北边300m"，但我觉得这个表达还不是很清晰，因为两边都有容桂大道和振华路，应该还要加上容桂大道南或容桂大道北之类的。

生2：应该不用添加，根据方位图就可以看出各条路的方向。

生3：因为是在"容桂大道西边50m"，可以判断出在容桂大道左边，"振华路北边 300m"就在振华路的上边。

生 4：这个有点像电影票的座位，利用横竖相交来判断座位号。

生 5：我觉得建立一个坐标系会比较容易找出来，因为两条街道刚好是互相垂直的，方便建立坐标系。

师：如果建立好坐标系可以如何表示电信局的位置？

（学生在草稿纸上画图判断……）

生 5：可以把电信局的位置看作（-50，300）……

上述案例在学生从经历到获得经验的过程中，教师对于答错的学生没有给予否定，而是让学生自我修正。但教师又不是全程只在倾听，当学生的思维到一定地步停滞不前时，教师适当地给予引导，将学生的思维重新点燃。

日本著名教育学者佐藤学说过："要想让学生学会倾听，教师首先要懂得倾听学生，除此之外，别无他法。"可以说，没有倾听，就没有师生对话，没有对话，就无法开展教学活动。教师的每一次倾听都是课堂上一次对话的开始，都是一次教给学生如何去倾听的良好示范。

三、如何做到有效质疑

《陆九洲集·语录下》云："为学患无疑，疑则有进，小疑则小进，大疑则大进。""疑"是人类打开宇宙大门的金钥匙，哥白尼因为质疑"地中心"而被迫害，伽利略敢于质疑一直被奉为真理的亚里士多德的理论，做了著名的比萨斜塔"关于重物下降"的实验。可见，在历史长河中，就是因为有很多的科学家敢于质疑，勇于挑战固有的"真理"，哪怕因为质疑而付出自由甚至是生命的代价也不停止对科学的追求，人类才走到了今天。同样，课堂上学生的质疑对学生思维的发展具有促进作用，而学生的思维能力总是在解疑的过程中培养起来的。因而，培养学生质疑的能力，让学生做到有效质疑，也是教师一项必修的课程。

1. 在合作讨论中提升质疑能力

"授人以鱼，不如授人以渔。"教给学生质疑的方法才是解决当前中学生质疑能力不足的根本之道。但质疑也要讲究质量，不要为疑而问、一疑就问。教师要引导学生自己解决疑问。当前学生的质疑更多停留在"为什么""我还是不太懂"等问题上，特别是在概念的学习中，需要先由教师提出一系列问题让学生试着去解决，当学生遇到解决不了的问题的时候，质疑就来了。

【案例3】

从梯子的倾斜程度谈起（第1课时）（北师大版九年级下册第一章《直角三角形的边角关系》第一节）

图2-5-2中，AB，EF表示梯子，你能比较两个梯子AB和EF哪个更陡吗？你有哪几种判断方法？

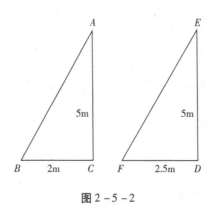

图2-5-2

如图2-5-3所示，你能比较两个梯子AB和EF哪个更陡吗？

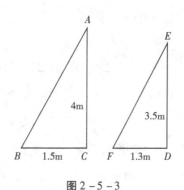

图2-5-3

我们把两个判断哪个梯子更陡的生活问题描述为图2-5-4所示的数学问题，并提出以下几个问题。

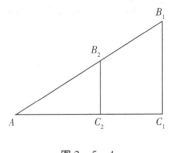

图 2 - 5 - 4

小明想通过测量 B_1C_1 及 AC_1，算出它们的比，来说明梯子 AB_1 的倾斜程度；而小亮则认为，通过测量 B_2C_2 及 AC_2，算出它们的比，也能说明梯子 AB_1 的倾斜程度。你同意小亮的看法吗？

（1）$\dfrac{B_1C_1}{AC_1}$ 和 $\dfrac{B_2C_2}{AC_2}$ 有什么关系？

（2）如果改变 B_2 在梯子上的位置呢？（1）中的关系是否还成立？

（3）若 $\angle A$ 的大小改变，$\dfrac{B_1C_1}{AC_1}$ 怎样变化？（1）中的关系是否还成立？由此你能得到什么结论？

在给出以上三个疑问后，教师没有直接去解决，而是让学生通过独立思考、小组合作、问题反馈把各小组对问题的疑问归纳、汇总起来，然后把问题集中起来，让各组进行讨论，部分问题如下。

问题 1：$\tan A$ 中的 $\angle A$ 是一个角还是一个角度？

问题 2：在直角三角形中，$\angle A$ 确定，其对边与斜边的比值确定吗？

问题 3：是否只有直角三角形中的锐角才有三角函数？

问题 4：在正切函数中，谁是谁的函数？自变量和因变量分别是谁？

这样的质疑方式首先是由教师把疑问带出来让学生思索，学生通过思索将对问题的理解重新整合成自己的问题，这样学生质疑的质量是有一定保障的，排除了"没问题""我不太懂"等似是而非、笼统的疑问。可以说，经过这样的小组合作再汇总到班级的问题质量相对较高，学生的质疑能力也会有较大的提升。

2. 在纠错、反思中学会有效质疑

在学生做练习时，教师的课堂职责还没完成，此时教师要通过课堂的巡视找出学生的各类解法或错误，在找解法的过程中不一定要找答案最标准的（标准的答案可以留在最后作为解题样板展示给学生看），可以找一些存在一定瑕疵的解法或者学生容易出错的过程让学生去纠错，在纠错的过程中让学生提出疑问：为何会有这样的错误出现？如何去避免这样的错误？这样的质疑方式能够提高学生有效质疑的能力。

【案例4】

如图2-5-5所示，已知 EF 与 AB，CD 分别相交于 K，H，且 $EG \perp AB$，$\angle CHF = 60°$，$\angle E = 30°$，能否说明一定有 $AB /\!/ CD$？

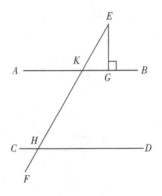

图2-5-5

由于七年级的学生对于几何的逻辑推理能力有所欠缺，解题过程往往不能够很好地呈现出来。在此题中，学生较容易由 $\angle CHF = \angle EKG = 60°$ 而得到 $AB /\!/ CD$，显然是把这两个角直接当作同位角或内错角去看了，这也是一种比较普遍的错误。如果教师直接把答案告知学生，那学生对错题的理解就不会很深。教师在巡视过程中发现这种错误后，可以展示给全班学生看，让学生展开纠错、反思并提出疑问。这样在易错点和盲点中的质疑容易提升学生的教学技能。

建构主义认为，学习不是一个被动吸收的过程，而是一个以已有知识和经验为基础的主动建构过程，学生的数学学习只有通过自身"亲历"和再创造性的"做"，才可能成为真正有效的学习。同样，在"让教"过程中，教师要鼓励学生去质疑，在质疑的过程中教师通过聆听，让质疑的学生感觉到教师的诚心。对于学生的质疑或回应质疑时的错误答案，教师更要做到"忍而不发"。但大部分的课堂里，面对学生回答错误或一时回答不出来的情况，教师的表现是"不忍即发"，马上纠正学生没想到的或讲错的，这样的表现不是帮忙而是"帮倒忙"。让我们耐心地聆听，适当地引导，让问题之花在学生中开放。

第 三 章

课堂"让教"的几个误区

受"教无定法"观念的影响，现实的课堂中有着种种教学方法，如"少讲多练""先学后教"……教无定法，课堂上不是只有一种教学方法，为了找到符合学情的教法，各地都在积极进行课堂改革。为了落实学生的主体地位，课堂上有"让教"于学生的要求，有些学校甚至限制教师的授课时间。这样一来，教师往往会产生一种误解：既然限制教师讲课时间，那就整节课由学生去预习、讨论、合作、展示，甚至全部由学生来授课，而教师所要做的就是对学生不太懂的知识进行解疑。很多时候，我们看到课堂上学习氛围活跃，不时响起掌声和笑声，师生间的互动呈现出相互激励、相互鼓舞的良性特征，但这样热热闹闹的课堂就一定是好课堂吗？实际上这是学校或教师对教法的一种思维僵化，可能会导致课堂畸形发展。数学课需要有数学的味道，遵循数学的教学规律，在教学上教师既要做到取势，也要让学生明道。

课堂中的"让教"不等于全"让"，如同教师不能取代学生去学习，学生也同样不能取代教师去授课。在实际操作中，"让教"只是诸多教学形式中的一种，即教学中以学生为主体，通过"让教"这种教学行为去激发学生的学习兴趣，锻炼学生的能力，对于学生不能独立完成的知识，通过小组合作、集思广益去达到目标。但绝不能本末倒置，使教师沦为课堂的看客，而由学生全权掌控课堂，这似乎是一种以学生为主体的教学方式，但实际上这是一种不负责任的表现。

"让教"固然可以最大限度地锻炼学生，但对于数学这一科目来说，由于它具有促进学生思维发展这样鲜明的特点，有时让学生安静地思考，慢慢地领悟，也是数学的一种教学方式。如果把过多甚至全部的精力放在让学生自主学习、自主授课上，那么对学生的成长是不利的。如何在课堂上让教师和学生形成一种良好、和谐的相互关系，使教师的教和学生的学相得益彰，需要教师在课堂上积极探索"让"的度。

第一节 为"让教"而"让教"

📖 内容导读

课堂里的"让教"应该自然、和谐地发生，它不应有鲜明的痕迹，更不应向全班宣示"让教要开始了"，只有让学生沉浸在知识的海洋里，对问题的理解自然流露，这样的"让教"才是自然、真实、有效和具有锻炼价值的。

在不少课堂上，特别是在一些公开课上，授课教师为了让听课教师感受到以学生为主体、教师为主导的课堂教学改革成效，在课堂上设置了大量学生互动活动，使整节课充满欢声笑语。学生活动一个接一个，学生争相举手回答问题，师生的脸上始终洋溢着笑容……这样的描述在公开课上并不少见。很多教师注意到了课堂里的"让"，教学的各个环节也都是精雕细琢，每一个问题都力求有"新意"，每一个教学步骤都希望有出其不意的效果，但结果往往不尽如人意。

为"让"而"让"的课堂更多地流于形式，但仍美其名曰"以学生为主体"。这样的课堂表面上看起来很热闹，实际上学生是在"假讨论""假展示"，这对学生而言极其浪费时间。

一、课堂越开放越好吗？

新课改给教育界带来了新气象，教师的教育理念、教学方式以及学生的学习方式都发生了可喜的变化。新课改改变了以往课堂上学生总是昏昏欲睡的学习氛围，师生之间的互动日益增多，各类学科都出现了以往课堂少有的活跃氛围。新课改真正让学生"动"了起来，让课堂"活"了起来。

但是，随着新课改的不断深入，新的矛盾、冲突和问题也随之而来。为了活跃课堂，教师想方设法让课堂氛围热热闹闹，学生也乐于上这样的课。课堂上，学生尽情地讨论，不懂的问题积极地问，不少数学课堪比活动课，但课堂教学质量需要靠考试来检验。期末考试成绩却不尽如人意，此时教师和学生都很纳闷：为何成绩比之前还差呢？那么，究竟是课改"水土不服"还是对课改的理解有误呢？课堂应该如何开放，效果才会更好呢？

在回答这两个问题前，不妨先反思：为何会出现热热闹闹的课堂，为何会出现学生在探究问题的时候放得很开？只有厘清了这两个问题，课堂如何开放、开放的度在哪里的问题才能顺利解决。

1. 课堂越热闹越好吗？

新课改以来，我们借鉴西方国家一些先进的教育理念，开始重视课堂上师生之间的互动，一改以往以教师为主体的课堂教学，变为以学生为主体、教师为主导的教学模式。

既然是以学生为主体，那么让学生动起来，大胆质疑、大胆讨论就成为必然了。虽然很多课堂学习氛围逐渐活跃，但不可否认的是，在课堂上让学生的思维动起来和让课堂动起来却是两码事。有些教师整节课都在讨论、合作，直接把数学课上成了社会实践课。课堂气氛是有了，但这种"良好"的氛围是否会过于表面，学生又用什么时间思考呢？课堂太热闹的原因在哪里？

（1）教师准备不足

传统的教学基本是以教师讲为主，教师经过前三年的懵懂期，有了一定的经验后，课堂基本是十年如一日地重复，教法上没有创新，课堂上也很少有学生提问，每天的课堂都是照本宣科，甚至有些例题几年都没变过。新课改以来，教师讲的东西少了，留给学生的时间多了，师生的互动多了，学生的思维活跃了，一些问题稀奇古怪，而解法更是千姿百态，这就要求教师在进行课堂预设时对各类问题提前设计好。

在课堂上，对于学生的问题以及问题的解法，教师需要起到很好的引导作用，而这就需要教师提前做好准备。当然，仅仅做好准备还不够，教师课外还要多阅读，能够和学生进行无障碍的交流。如果这些在课前都没有做好，教师在课堂上能做的只有让学生放飞思维。这样的放飞思维显然对教学没有什么帮助，甚至严重脱离教学内容。同时，教师经常喝止、打断学生的思维会极其打击学生学习的积极性和求知欲。

（2）忽视了小组如何合作的问题

一段时间以来，小组合作这种教学模式被很多学校视为新课改的代名词，一提课改必提小组合作。不可否认，小组合作确实在课改中起到了很好的带头作用，也被很多学校实践得很好。其实每一所学校都在寻找适合自己学校校情的模式，但盲目地抄袭、照搬并不一定能取得很好的效果，很多教师甚至都还没弄明白要合作什么、展示什么。很多时候，课堂显得太过开放的原因之一就是小组合作操作不当。

小组合作的目标不明确是造成这种现象的第一个原因。教师把小组合作的内容派给小组后，既没有明确小组中谁是"领头羊"，也没有明确组员如何分工，结果就是在遇到问题后，学生分散地进行讨论。没有明确的分工，乱就是自然的了。有的小组甚至组员之间还搞小团体，很容易就由合作变成了争吵，这样的合作效果可想而知。

小组合作效果不好的第二个原因是没有引入评价机制。因为没有评价，小组间的合作就显得随心所欲，有些小组你一言我一语显得热闹非凡，有些小组从头到尾都是组长一人在发言，或者由成绩好一点的组员发言，其他组员旁听，有时候发言的人甚至在一部分组员还没有进行深入思考时就把答案说出来了，其他组员也就懒得动脑筋去想了。长此以往，组长感觉这样的发言索然无味，更多的时候干脆自己完成，而有些组员既跟不上思路，也插不上话，时间一长，就把讨论演成为聊天了。

第三个原因则是教师给予学生独立思考的时间不够。教师抛出问题后，在学生还没有进行充分思考时，就让小组开始合作。基础好一点、反应快一点的小组很快得出了答案，而慢一点的小组还在讨论，教师看到时间差不多了就匆匆结束讨论。但数学的魅力就在于静静地思考后会产生不同的解题方法，我们应该预留一些时间让学生进行思考，然后进行充分的交流，最后找出最优的选项。急于合作或只进行形式上的合作，合作效果自然也就大打折扣了。

找到了合作效果不好的症结，为了取得的合作效果，不让课堂的热闹流于表面，我们必须对小组合作进行改进。

首先，我们在教学中应该对每个小组组员进行一些任务分配。例如，我们可将小组组员分为组长（负责组织讨论和合作，为主发言人）、监督员（负责提醒同组组员注意控制音量和时间以及指定发言人）、反馈员（可安排1~2名，负责汇报本组的讨论结果以及把总结好的发言反馈一遍，通常由学困生担任）、质疑员（由余下的小组组员担任，负责质疑和补充答案）。这样，整个合作环节也就有序、有效了。当然，也要根据学生的表现适时进行任务的重新分配，让每一个学生都能扮演好自己的角色。

其次，适当引入小组评价机制，目的在于鼓励学生多参与问题的思考和讨论。同时，尽量限制组员聊与学习无关的话题。评价机制的引入使学生懂得在合作中"活而不乱、忙而不乱"。这就要求各个组员做到善于倾听和质疑，在别人表达时，做到认真仔细地听，不得随意打断别人讲话或插话。

设置评价机制的目的不是限制学生，而是引导学生自主学习、合理讨论、积极质疑、自主活动，指引学生合作学习。对于在小组合作中表现各异的学生，根据评价制度适当给予加分或扣分，以激发小组组员的学习兴趣，保证合作的顺利进行。

有了评价机制，就相当于有了确保合作顺利运行的机器。但这仍不够，我们还需要润滑油。有了润滑油，机器的运作才会正常且不跑偏，这个润滑油就是教师提出的问题。问题难度过大或过于简单都会影响小组的合作效率和状态。为此，我们需要做好课前准备，同时要根据授课的情况、教学的进展、学生重难点的掌握情况来提出问题，提出的问题难度是让学生轻跳起来就可以摘得到果实的。确保学生有充分的时间进行独立思考，这点也很重要，因为只有这样才能最大限度地保证小组的合作既充满活力又富有实效性。

由此可见，每一种教学模式的背后需要配合、准备的东西很多。我们不能只学别人的表象，而忽略了其中的本质和内涵。如果只轻易地改变课堂模式、上课方式和教学形式就认为这是课改，那么很容易造成表面看起来热热闹闹，但学习的效果难言成功的情况。

最致命的是，当期末考试检测成绩不太理想时，教师对课改的坚持就会动摇，学校也会怀疑，最终走向失败也就成为必然。课堂教学改革的实质不能简单地理解为让教师完全放开手脚，一概不理。自主学习不等于学生自己自由、随意地学习。学生的自主学习若离开教师的指导，势必如一盘散沙。教师要恰到好处地导学、导演，真正发挥教师的主导作用，使学生乐学、会学。[①]

2. 探究的问题越开放越好吗?

探究问题是数学课常使用的一种方法，课堂上教师如果直接采用讲授法或让学生直接背熟、记住概念来进行学习，那都是以牺牲学生对未知世界的好奇心、锻炼思维的好机会作为代价的。在实际探究问题的教学中，教师也经常会犯如下错误：把探究的问题设置得过于开放；探究的问题不太明确，为探究而探究，为"让教"而"让教"。前者由于问题过于开放，学生往往在探究过程中不得要领；后者由于问题不明确，学生在探究过程中容易不明就里。

（1）探究的问题要符合学生的生长预期

学生课堂的探究不同于科学家的科学研究，学生的探究具有鲜明的结论指向性，而科学家的探究具有更多地结论归纳性。因此，学生在探究时很多时候稍做观察就能找出其中的规律，通过总结规律来得出结论。但有些教师怕学生过早得出结论，举的例子天马行空或者和实际结论相差过大，要求学生在诸多例子中抽丝剥茧找到规律，这显然高估了学生的能力。要知道，有些概念、定理是数学家在积累了前人研究成果的基础上经过自己的长期归纳所得出的结论，而不是学生在一节探究课上就能轻易得出的。这样的问题探究明显超出了学生的探究能力，学生甚至连跳起来都无法触摸到果实了，更遑论去摘果实。久而久之，学生对此类探究就会失去兴趣。

好的探究应该让学生踮踮脚就可以摘到果实。因此，对于探究问题的开放

---

① 吴元. 课堂越"活"越好吗——高效课堂课改之我见［J］. 中学教学参考，2014（24）：24.

程度，我们既不能让学生坐享其成，直接去记忆公式，也不能超出学生的学习能力。那些貌似很开放的探究在笔者看来是一种"假探究"，对学生学习的积极性和自信心有较大的伤害。

（2）探究的问题要明确

有些问题的探究入口太宽、结论太多，有些问题教师设置得过于盲目或简单，同样不利于课堂上学生的探究。在一些青年教师的课堂中，这种现象尤为明显。为了让课堂的学习氛围活跃起来，为了达到"让教"于学生、以学生为主体的教学目的，有的教师在没有深入研究教材，没有了解班级的学情，没有对课程标准进行深度解读、理解的情况下，急于抛出问题让学生去讨论，却对于这个问题是否利于结论的得出或者能否生成其他问题缺乏仔细思考。

这样必然会出现两种情况：一是讨论的话题设置不明确。学生不知道往哪个方向去讨论，最后，为了营造有话可讲、热闹非凡的场面，"真聊天，假讨论"在所难免。二是问题的设置过于简单。本来教师预设五分钟的讨论时间，结果学生一分钟就思考、解答、讨论完毕，没有具体问题可以讨论了，剩下的时间课堂一片寂静，教师要不就责怪学生不配合，要不就说这个班的学生不活跃，唯独不对自己预设的问题进行反思。学生不是不配合而是没办法配合，"不配合"也就在所难免了。这属于典型的"问题设置"上的不明确。

因此，如何改进上述两种流于形式的探究活动是教师课堂上必须重视的问题，只有问题设置得好，才能让学生很自然地沉浸在数学思维的成长、发展中；反之，则会让学生无所适从，讨论问题草草了事，最后的"让教"于生也就无从组织了。我认为，好的问题归纳起来主要有以下几点：

① 处理好形式与内容的关系。现代的教学内容主要为学科内容，学科内容是依据课程标准精选出来的学科基础知识。这些基础知识大多来源于生活，因此，有时我们需要通过生活素材来更好地展现这些内容，以便于学生理解。

可以说，教学中的形式是为内容服务的，课堂教学不能忽略内容而只注重形式，否则这样的课堂有喧宾夺主之嫌。而只重视内容忽略形式的数学课堂又是枯燥无味的。特别是对于初中生，教师需要用一些不同的形式去呈现内容，从而吸引他们的注意。

例如，在讲《轴对称图形》一课时，教师围绕轴对称图形设计了一个个精巧的环节，有玩对称、识对称……在"赏对称"中，教师利用 PPT 把桂林山水的录像片段搬到课堂上，学生边听优美的音乐边欣赏美妙的画面，在教师和风细雨的讲解中学生陶醉于祖国的大好河山……我们惊叹于教师的语言能力和制作课件的耐心、专心，但数学课的美学意义不在于唯美的画面和动听的音乐，这样的教学设计美则美矣，但缺乏丰富的内涵，学生反而由于只是沉浸在画面中而忽略了这节课具体的教学内容。这就是形式太多掩盖了内容的体现，我们应该展现数学本身的魅力。

在上述例子中，我们应该在形式上删繁就简。例如，水中倒影是比较常见的一种自然现象，学生一般在生活中或电视中都见过，我们只需在 PPT 中呈现一张图片让学生去观察，学生的注意力会更容易集中，再让学生去判断生活中美的一面体现在哪里，由此引出轴对称图形。这样的探究既明确又具有想象力，既能体现形式，又能直指内容。

②恰当地运用情境教学。近几年来，情境教学在数学课堂中得到积极运用，好像课上不设置个情境这节课就显得不完整。确实，情境教学在数学课中也是重要一环。数学源自生活，又服务于生活，课堂里通过生活中一些实例引导学生慢慢认识、归纳、得到知识，比直接灌输更容易被学生接受。

在导入教学的设计上有三点要注意：一要自然、合理，符合学生的认知。导入既是前面知识的延续，又是后续知识的开端，应以一定的生活常识、生活积累为基础。脱离学生生活基础的情境导入会显得后续知识突兀。二要能引起学生的兴趣。情境导入最好能迅速引起学生的注意，使他们聚精会神地投入到课堂教学中，在情感上与教师、教材贴得更近。切忌导入的标题一惊一乍，内容尴尬，这样的情境引入缺乏持续性。三要使学生初步了解本节课的教学任务，无论在操作层次上，还是在思维层次上，都要做好迎接挑战的准备。[①]

情境的应用要把握好度，没有情境的课堂单刀直入，显得了无生气；但情境的引入过于繁杂或者画面过于绚丽，不但会偏离教学主题，而且会使学生由

---

① 杨锋. 课堂教学形式与内容的有机结合［J］. 速读（上旬），2014（5）：126.

于不知道教师想表达什么而无所适从。有些课堂不太适合用情境去导入，但教师还是在课堂上使用了，学生是开心了，课堂氛围也好了，但情境对于整节课的帮助并不是很大，和本节课的知识点关联不多，那这样的情境导入就意义不大了。

3. 要"拿来主义"更要"来料加工"

在 20 世纪八九十年代，学生如果有题目不会做，除了自己独立思考，剩下的就是问教师了。但当时的学校管理普遍较为宽松，教师并不需要坐班，因此想问教师问题不是一件容易的事情。但学习要继续，怎么办？几个喜欢数学的小伙伴成立学习小组来进行讨论，还别说，学习效果是比较好的。

如今社会高度发展，信息化进程加快。各式各样的信息充斥在人们周围，信息的多样意味着选择的多样。但另一个问题同时呈现，那就是追着教师问问题的学生少了，因为遇到不会做的题目上网就可以随时查到相关的答案。学生是这样，其实周围很多教师上课也是如此：如果上课要用课件，直接上网下载一个稍做修改，甚至不做修改就拿来用。一些名师的教案和课件尤为抢手，教师还振振有词地说："名师出题、出课件水平比我们高，对教材的理解总要比我们强吧！"

名师的教案等具有借鉴意义，我认为这是没有争议的。作为名师，他们在课堂教学中对教材进行过一些深入的探索，对于教材有自己独特的理解，他们的理解或许会比普通教师的理解更深一层。但就算如此，也不等于拿到名师的教案等就可以直接用。因为，教案等能否很好地发挥作用还受学生的能力、学生对数学的理解、学生的态度以及教师的教学水平等的影响。

鲁迅先生对"拿来主义"进行了较好的诠释，他认为"拿来主义"不是一味地模仿、全盘西化。"拿"是有选择地拿、为我所用地拿、不卑不亢地拿。也就是说，我们的"拿"应该是有选择性、有目的性的，针对学生的能力"拿"过来之后必须进行适当的修改和必要的增删，不能全盘接受、囫囵吞枣，完全按照别人设计的路线前进。后一种"拿"称为"抄袭"更合适，这样的教师在讲课时实际上做的只是某个名师的"传声筒""播报员"。因为他们在课堂上并没有呈现出自己的东西，更别说思想了。这样的课堂，教师讲得可能挺有自豪感，实际上学生学得可能很别扭，因为他人的东西通常都会有一定的承上启下的环节，当教师将其不加任何修改地用到别的班时就显得很突兀了，一定会有一种漫无边际的感觉，这样的"拿"理应放弃。

避免、防止和克服这种简单的"拿来主义"，不仅要考虑教师个人能力能否得到提升，也要考虑学生课堂上如何迅速接受名师名家的设计理念和学到知识等问题。对此，我在平时教学中尝试从以下三个方面去思考。

（1）增强使命感，自觉创新

教师的职责在于传道、授业、解惑，但大部分教师只做到了解惑，至于传道则少之又少。不少教师一方面痛斥讲得太多，另一方面担心时间不够，觉得这道题要讲、那道题也需要讲，把自认为需要讲的知识统统塞给学生，至于学生是否理解不在其考虑范围之内，只求一个心安理得而已。

教师在课堂上不应该只满足于做一名"知识的搬运工"，教师在传授知识的同时还应该是一名传统文化、思想的传播者。除了传授知识，教师更应该帮助学生树立正确的三观，引导学生培养正能量。因此，在课堂中适当加入一些情感教育、爱国教育是必要的，应该让课堂不再是冰冷的知识传播场所，而是有温度的思想者的传道场所。

近几年，国家在教育教学上特别注重核心素养在课堂上的实施与落地，我们在课堂教学中也应该进行这样的考虑。不少学生疑惑："学数学有何用？"学的解方程在买菜时用不上，学的函数打篮球时也用不上。

确实，知识一旦脱离环境就很容易被遗忘，学生就会产生上面的种种错觉。如果我们在传授知识的时候多结合实际生活，让学生在掌握知识的同时学到获得知识的方法，多传播一点相关的文化，让学生不仅学会知识，还能在知识之外的方面有所触动，将其变成一辈子的知识，这样的传播才是我们想看到的。

因此，教师应该以此为己任，用高标准去衡量、检验和对待每一节课，上好每一节课。教师要把学生能力、素质的提升，教学的健康发展，作为创新课堂的教学内容、方法及手段的出发点与归宿点。

当我们借鉴名师的教学设计时，绝不应该照抄照搬，而要有所创新、有所改变、有所整合，要根据教学任务和教学对象对其进行合理的改造、适当的增删，融入自己的数学思想、教学主张和学情考量，以便生成符合自己教学风格的教学素材。

（2）提升能力素质，学会创新

很多教师认为，教师这个职业没多少创新性可言。与科技一日千里的创新相比，文化确实没有过多的新东西，但文化之所以是文化，在于它的传承和发展，科技只有在文化传承的基础上去发展才会有更多的创新可言。因此，几千年前孔子的因材施教的教学理念放到日益发展的今天仍然不过时，还被赋予了更高的要求。

很多教师认为，教师只要把知识传授给学生就好了，知识都是一样的，区别在于出自谁的口而已，用名师的教案、案例会让自己的课更有说服力、更先进、更跟得上课改。但他们忽视了一个问题，相同的课在不同的教师口中讲出来会有很大的区别，不同的教师对教材的理解以及思维的方向会有极大的不同，这也是经常组织"同课异构"这样的研讨课的原因。如果教育真的只是向学生传授知识那么简单，那教育部门只需把全国的教材、教法、课件统一就行了，但实际上这不太可能，因为需要因材施教。

教师需要做有思想的教育者，而不只是传授知识的"工具"。"工具"虽然是负责任的，但会缺少一些创新思想。"工具"会按部就班地把每一项工作做好，但不会考虑用哪些更好的办法提升工作效率。实际上我们读书的目的首先是做一个有独立思想的人。

作为教师更需如此，通过读书，我们发现自身教学上的不足；通过读书，我们能够了解外面更新的教学方法，再对自身的教学素质、教学理念和教学习惯进行一定的提炼，形成自己的教学风格。这时，就算我们是借用名师大家的教学、教案，也不会生搬硬套，也一定会针对不同的受教人群加入自己的想法。唯有这样，名师大家们的教案才能够被很好地利用，学生才会真正受益。

（3）加强二次备课，勇于创新

我们知道，学校的教学行为由很多个体组成，教师只是其中的一分子。上好一节课既是教师的职责，又是科组、备课组的职责，其中科组和备课组要发挥更积极的作用。

由于每个教师的教学水平、教学理念和教学能力不尽相同，如果任由教师按自己的发挥去上课，教出的学生成绩就会参差不齐。因此，为了减少这种差异，让学校同一科教师的教学水平处在一个可控制、可调节的范围，我们需要对每个教师自主备课的教学设计、教案进行打磨、增添、改造、整合，让教学设计符合整个学校的教学风格以及学情、校情。

这时，我们需要进行备课组研讨，也就是我们所说的二次备课。这里的二次备课不限于对教师的备课进行整理和整合，"走出去""拿进来"同样是适用的。有时，我们也可以借用、学习名师大家的教学设计，从他们的教学设计中汲取更多先进的教学理念，通过教学设计了解他们的思路、对教材的整合从而进行二次理解，也可以通过教学设计窥探他们对教材的分析、理解以及对教育的执着。但同时，他们的教学设计肯定会带有其自身较为明显的"烙印"，我们需要重新打磨和整合，以便适合我们的教学。

【案例1】

例如，在讲授七年级《整式的加减》第一课的时候，我们在引用一些名师用过的课件和教学设计时发现，他们的设计大部分都使用了人教版的情境引入：用"列车从西宁到拉萨路段时要经过非冻土和冻土所需时间的比较"来引出整式的加减，再通过一组特殊值的代入让学生根据学过的有理数运算定律得到答案，从而得出同类项合并的雏形，从特殊值的合并拓展到字母间的合并，最终得出同类项这一概念。

分析：应该说这样的设计尊重了人教版教材的编排，由问题带出概念，体现了学习该概念的必要性和可行性。

问题思考：我们在借用此课的教学设计时却发现有几个问题需要去考虑。

（1）对于"冻土和非冻土"，我们的学生是否能完全理解，不能理解的话，在课堂教学时是否有必要解释呢？

（2）对于同类项的概念，究竟是用问题还是通过其他的事例引出，最后带出问题？前者强调的是通过问题引出，最后告知学生学习这个概念的可行性和必要性，是一种高观点下的教学。而后者讲究的是通过学生的生活经验归纳出这种概念的来源，最后用问题的操作性来进一步说明这种概念来源于生活。备课组反复研讨后决定，针对学生的特点（基础较为薄弱，有一定比例的学困生），还是采用先利用生活情境引入概念，再解决问题，最后进行强化巩固的模式。

这看似只对教学的顺序进行了一点改动，但实际上对学生来说，是降低了学习的难度和维度。因此，在实际课堂教学中学生对这节课的理解普遍比较透彻，课堂的学习氛围良好，师生间的课堂共享时间比较充分，教学效果很好。

对于名师的经验及教学，我们去借鉴是有必要的，但若只是照搬，那极可能会出现"画虎不成反类犬"的局面，甚至形成一种"四不像"的课堂。因此，我们要结合自身实际透彻分析、合理整合，要结合班级特点、学生的个性差异及个人的教学特点选择适合自己的教学设计，因为适合的才是最好的。

二、课堂上如何保持适度？

任何事情一旦走向极端就必定出问题，保持适度最好，这就涉及前面提到过的度的问题。做人做事适用，文化与课堂教学同样适用。日常中有些课堂就是"满堂灌"，当课改一来需要少讲多练，教师马上又改为全盘由学生讲课，美其名曰：锻炼学生的能力，让学生在讨论中出真知。

这几年各地兴起了智能教学、翻转课堂的教学模式，各校马上又一窝蜂地都采用这些模式，不管符不符合条件、切不切合实际，好像不用就跟不上时代的步伐。其实，任何一种教学模式都不应打破之前的教法，而应该在之前教学模式的基础上加以改进。因此，保持一个度是很重要的。

1. 教师讲得越少越好吗？

这几年各地的教改风起云涌，无一例外都在声讨"满堂灌"，与之形成对比的是，要求教师少讲。为了让教师在课堂上少讲，有些学校直接规定了教师只能讲多长时间，并把讲多长时间作为评价课堂的一个标准去约束教师。更有甚者，要求教师在课堂上不能主动讲课，要把讲课的全部权力交给学生，让学生通过讨论得出知识，称为"师生共享课堂时间"，而教师能做的只是答疑、解惑……

姑且不去探讨学生能否通过互相探讨很好地学习知识，单就教师在课堂上需要讲多长时间这一问题，真的是教师不讲就好了吗？回答这个问题前，我们首先要认清教师在教学中处于什么位置、教师的作用在哪里。

其实这个问题我们的古人早已回答过，"师者，所以传道受业解惑也"。这三个要求无论哪一个，都需要我们的教师"讲"，如果学校把教师只定位在"解惑"这一地位，那教师在课堂上就没办法授业了，更别说传道了。如果是这样，那教师的"解惑"职能完全可以由人工智能来代替。

为了"让教"于生而把教师定位在最基础、最简单的一个地位，不能不说是对教育资源极大的浪费，更是严重曲解和误解了教育的复杂性。一位教师不能带领学生在知识的草原上驰骋，就如一个战士不能在战场上建功立业一样。教师在课堂上确实不能"满堂灌"，但不代表少讲甚至不讲就好。那教师在课堂上如何讲？讲多少为好呢？

在日常课堂教学中，一些核心问题的关键处、易错处还是应以教师讲为主，在一些问题的衔接处或知识生成的引导方面，教师不应该吝啬自己的语言。因为教师如果不加以引导，学生的探究就很容易跑偏。并不是每一个学生都能按照教师预设的路线进行探究，当小组的探究或学生的教授发生偏差时，教师应及时纠正。而对于一些能引导学生生成知识或能够追溯到来源的概念，在学生有这个探究能力时，教师可以大胆地"让教"于生。

一位特级教师曾经讲过："该讲的十句不多，不该讲的一句都是废话。"新课程改革要求我们注重对传统教学的继承和发扬，切不可因为传统教学中存在着教师讲得过多的弊病就一味地排斥"讲"，好像不与之"划清界限"，教学理念就不先进似的。这就是说，教师必须根据教学目标及教学内容，该引的要引、该问的要问、该点的要点、该讲的要讲，要充分把握好"讲"这个度，发挥好教师和学生两方面的主动性和创造性。①

2. 多媒体用得越多越好吗？

时代发展迅速，以前的课堂上教师用粉笔加教鞭就可以把一节课完成好，但现在的课堂可供操作的教学工具多了——平板、微课、希沃白板游戏PK、交

---

① 沈忠民. 把握"适度"，让有效教学绽放光彩［J］. 新课程导学，2013（23）：3，53.

互式白板等不断推陈出新，也因此，现在课堂教学的形式多样，课堂变得多姿多彩了。应该说，随着科技的发展，课堂上运用人工智能确实对教师掌握学生的学习程度有一定的帮助。但凡事有利就有弊，是不是多媒体用得越多，人工智能配合得越熟练，课堂的效果就会越好呢？

首先，我们要清醒地认识到，课堂上无论用多少多媒体工具来配合上课，目的都是让学生更容易理解知识。

例如，在讲授生活中的圆锥体时，教材中的举例是粮仓、油库等建筑物，实际上这些建筑在生活中并不常见，多数学生可能并没有见过。但通过PPT、动画可以出示粮仓、圣诞帽、雪糕之类的图象，让学生更清晰、更直接地理解圆锥体。再如，在讲授"三线八角"中的同位角、内错角等时，利用几何画板的移动、旋转，让学生很直观地理解"三线八角"的形成以及这几种角的区别。这些都属于多媒体给我们的课堂带来的便利，有了动画的演示，学生对一些知识的理解自然更有优势。

其次，我们也要认识到多媒体的运用是为了帮助学生理解知识。如果在课堂上过多地运用多媒体，学生的注意力可能就不在知识的学习上了，反而会被课件里精美的画面、动听的音乐吸引，导致注意力分散，这样对学习不但没有帮助，还会有反作用。例如，前面提到过的"轴对称图形"的PPT中，画面不可谓不美，但过多的铺垫、唯美的画面把数学原来的风头给抢走了。

3. 课堂实验做得越多越好吗？

近几年，为了使学习的氛围更浓厚，很多教师都开展了课堂实验、个人PK等活动，这些活动确实让课堂的学习氛围变好了。但同样，活动的设置量需要考量，毕竟数学是一门需要独立思考的科目，它不同于理化生等需要做大量的实验来验证一些知识。

适当的数学实验能让学生耳目一新，但过多的实验反而会掩盖数学知识的本质，容易让学生对知识的理解出现偏差。在一次青年教师的教学比赛现场，其中一位教师讲授的是"利用相似三角形测高"一课。对于如何测高，教材给出了同一时刻的影长测量、镜子倒影测量以及三点一线的测量三种方法。这位教师分别让各小组去尝试这三种方法，通过实验去测高。一时间，课堂做实验的气氛非常热烈，学生对三种方法进行了讨论、尝试，最后，这节课在热闹的氛围中结束了。

诚然，本节课上用实验去验证理论，让学生分组实验，确实对学生理解如何利用相似三角形去测高有一定的帮助，但同时，整节课学生都在忙碌、热闹中度过，看似学习氛围良好，但由于实验中的分工不明确，不少学生并没有真正参与。

再则，由于实验较多，各个小组得到的数据也有较大出入，因此所花的时间比较长。本节课真正让学生去思考如何做、为何要这样做的时间并不宽裕，学生在上完一节课后并没有弄懂本节课实验的目的是什么。

本节课的真正目的并非组织学生去测高，而是通过测高这种实例让学生知道相似三角形在实际生活中的运用，教师最后还是要回到总结、归纳中。因为若只是为了测高，大可以用测高仪解决，没有必要做那么多的实验。其实，这节课只要稍做改变，只选择其中一种具有代表性的方法来测高，其他的方法通过理论去验证就可以了，最后让学生通过总结得出利用相似三角形测高的通法通性。

从上面的例子可以看出，并不是实验做得越多课堂氛围越好，这节课就越成功。数学终归属于一门需要思考的学科，我们利用课件、微课、实验都是为了帮助学生更好地理解和掌握数学知识。但过多的实验不但对课堂没有帮助，还会喧宾夺主。因此，实验虽好，但用好实验才是最根本的。

4. 正确地面对生成资源

数学课堂是不断变化的，知识、练习、展示、"让教"、思维无一不在体现课堂的变化，套用一句经典的话就是"唯一不变的就是变"。如果课堂上发生的一切教学行为和结果都在教师的预设、掌控之中，教师人为地扼杀课堂上的变化，让课堂的一切看起来都是那么自然、流畅和顺利，那这样的课不仅称不上成功，从某种意义上讲还可能是失败的。

每个学生对知识可能会有不同的理解，课堂上学生随时会产生一些思维的火花。因为思维方式的差异，在教师看来一些不可思议的想法，在学生眼中可能就是很正常的一种思维、解题方式。善待学生对知识的理解，把学生对知识的一些生成应用起来，是教师在课堂上需要面对的一件事。

因为理解上的差异，学生会产生很多新的想法，但不是每个想法都有推广的意义。有些想法新颖，可以对知识做进一步的延伸；有些理解出现偏差，得出了另一种结论；有些想法别具一格。这些迥异思维下所形成的不同理解、知识认知差异下的生成值得教师关注。

有时候学生对知识的理解有很大偏差，属于典型的错例，但它也会生成其他知识，此时教师不宜直接否定，将其作为一种经验上的借鉴推广给学生吸取教训也是可行的。但要注意的是，不是每个知识的生成都值得推广，否则，课堂上必定会增加很多无效教学。因为有些生成可能只是简单地重复其他同学的思维，有些生成本身的价值不是很大。这就要求教师在教学中进行一定的筛选，把有效的、有一定价值的生成推广给学生。

【案例 2】

在讲授《整式的加减》——同类项时，教师先让学生观察下列单项式，并把认为类型相同的式子归为一类。

$100t$，$3x^2y$，$3ab^2$，$4a^2b$，$2x^2y$，$-252t$，21，$4ab^2$，$-7a^2b$，-8

思考：这组单项式能分成几组？归为同类的项有什么特征？

有学生按系数将式子分为奇偶数两组。在这个分类得到肯定后，马上就有学生说系数为正负的各一组，系数大于几的一组、小于几的又为一组。这样分类尽管看起来也没错，但显然有违题目的初衷，属于重复性的模仿分组，这样的生成意义不大。教师在刚发现这种苗头时先解释为何不行，学生就不会一窝蜂地按此思维思考了。

【案例 3】

有一次在小学听课，一位教师在讲授《有理数减法》时用课件描述了这样一个情境："孙悟空把唐僧气走了，回花果山时，带回了 8 个桃子，可是回来一看却有 17 只小猴在那儿等着。"课件出示第一行有 17 只小猴，接着又出示第二行有 8 个桃子。教师问："如果 1 只小猴要吃 1 个桃子，孙悟空已经带回了 8 个桃子，还需要摘几个桃子？"

教师问的问题十分明确，但学生毕竟是小孩子，经过一番思考后，一名学生是这样回答的："老师，不用摘了，把8个桃子各切成两半就行了。"教师一听不对劲，但又觉得他的回答颇有创意，便高兴地启发说："切成两半，够吗？"意思是说，半个也是不对的。哪知该学生很聪明，马上改口说："把其中的一个切成4份，每只小猴就都能吃到桃子了，剩下的送给妈妈吃。"有好几名学生受到启发，跟着说，可以把一个桃子切成3份、4份……剩下的送给爷爷吃、送给奶奶吃，还有的学生说，有的小猴贪吃，就多吃几份……场面变得一发不可收拾。在这一教学过程中，学生出乎意料的回答表面看起来很有创意，实则却明显偏离了教学主题。然而教师因过度看重课堂动态生成，生怕漏过一个可利用的"资源"而任由学生自由想象，忘记了本堂课的重头戏乃是退位减法的计算方法，没有及时调控课堂，让宝贵的教学时间就这样一分一秒地流失了。

因为实现教学目标是动态生成的立足点，离开了这个立足点，生成就成了无效的生成或者虚假的生成。① 像以上两个案例，案例2就是用模仿的形式生成，当然教师反应比较快，及时地制止了这种生成。在案例3中，当学生出现这种游离于教学目标外的"脱轨"思维时，教师应该当机立断，可以表扬学生的想法独特，并能孝敬父母，是个好孩子，但最后还是要回到题目中来，强调题目的要求是1只猴子吃1个桃子，马上把学生的思路拉到正轨上来。这样既能使课堂活而不乱，又能促使学生养成认真审题的习惯。

---

① 沈忠民. 把握"适度"，让有效教学绽放光彩［J］. 新课程导学，2013（23）：3，53.

第二节　将"让教"变成学生"背诵"

内容导读

在"让教"中，我们很容易走入一个误区，就是在教师或组长讲完后让小组成员复述一遍，此时的复述容易变成简单的重复，即把前面讲过的知识"背诵"一遍，这样的"让教"显然没有多大的效果。我们可以尝试给学生时间，让他们进行消化，让学生用自己的语言把对知识、题目的理解再说一遍，这样的"让教"才是具有学生思维的"让教"。

为了培养学生不仅会做题还能"说数学"的能力，教师在课堂上常会让学生把对知识的理解说出来，通过说可以让学生清晰明了地把知识梳理一遍。特别是在小组合作的过程中，为了达到"兵教兵"的效果，先让成绩较好的学生在小组中把知识的脉络、解题的思路说一遍，再让学困生复述一遍。在实际的课堂上，不少小组对学困生的学习缺乏耐心，为了完成任务仅仅是让学困生模仿优秀生把答案背诵一遍，导致很多学困生并没有真正理解。这样做不仅是自欺欺人，还达不到提升学困生学习兴趣和增强学困生学习能力的目的。在这样的小组合作课堂上，小组中往往容易出现以下几种把"说"变成"背诵"的情况。

一、直接把概念背一遍

直接把概念背一遍是比较普遍的一种"说"，为了达到"说"的目的，学生往往并没有理解概念的意思或本质，而是直接将概念背一遍，这样的"说"

就是虚有其表的"说"。那如何应对这种"背概念"的现象呢？我在课堂上比较常用的方式是，用数形结合的方法边画边把概念说出来。例如，对于概念"如果同一平面内两条直线和第三条直线平行，则这两条直线也平行"，如果让受教者照背一遍，那对概念的理解就毫无帮助了。这时，可以让受教者尝试把文字语言转化为数学语言，也就是边说上面那句话边画图，并进行描述——"如果 $a/\!/b$，$a/\!/c$，则 $b/\!/c$"。这样的画图和描述对于受教者理解概念、图形会有很大的帮助。对于几何概念中的"说"，用数形结合、图文并茂的方法能够培养学生由抽象思维向具象思维迁移的能力，具有较强的可操作性。

二、直接复述题目的讲解过程

在小组合作中，最常见的就是题目的讲解，通常先由学优生讲一遍给同学听，然后让学困生重新复述一遍。这样的复述同样要讲究实效性，如果只是简单复述而没有经过大脑的过滤和提炼，这样的"让教"成效是比较低的。这样的"说"是"浮光掠影"式的"说"，是仅停留在表面上的"说"，学生并没有形成自我的思维构造，更不要说对题目进行深入剖析了。对于这类学生，我们在课堂上不急于让他们马上反馈，在讲授完之后，给点时间让其进行"自我反刍"。反刍是指进食一段时间以后将半消化的食物返送回嘴里再次咀嚼。但之后的咀嚼和前面的有很大的区别，如果说前面是粗加工，那后面的就应该是精加工，受教者需要用数学的语言，动脑、动手，边画图边讲解，不强求和原来的讲解一模一样，能把解题思路说清楚就可以了。

通过一段时间的训练，我们把受教者浮于表面的"说"转化为较有深度的"说"，尽管和施教者的"说"可能还有较大的区别，但由于是自己消化后的语言，此时的"说"已更多地融入了受教育的思想，而受教者也已经变为施教者了。

第 四 章

"让教"课堂的教学设计

"设计"在《辞海》中的解释是"预先筹谋规划，制定方案、图样等"。人类社会一切有意识、有目的的活动都离不开设计，数学课堂教学自然也不例外。什么是教学设计？为什么要进行教学设计？在课堂的"让教"中如何预先设计好与学生的"共享教学时间"？"让教"的教学设计与其他特色教学设计会有哪些区别呢？

教学设计，亦称教学系统设计，是面向教学系统，以解决教学问题、优化学习为目的的一种特殊的设计活动，它既具有设计的一般性质，又必须遵循教学的基本规律。① 教学系统有不同的层次，因此教学设计一般也相应地分为课程设计和课堂教学设计。针对课堂里的"让教"，我们重点从课堂设计入手，而课堂设计主要解决以下四个问题②：

（1）目标。我们要走向哪里？——教学目标的设计包括显性目标设计和隐性目标设计。

（2）定位。我们现在在哪里？——教学起点的分析包括学生已有的知识经验、年龄特征、兴趣爱好、能力差异、知识结构、认知水平以及将要学习的新知识与已有的知识间的内在联系等。

（3）行为。我们如何到达那里？——教学材料、媒体与教学策略的选择以及教学过程的设计。

---

① 皮连生. 教学设计：心理学的理论与技术 ［M］. 北京：高等教育出版社，2000：1.

② 罗新兵，王光生. 中学数学教材研究与教学设计 ［M］. 西安：陕西师范大学出版社，2011：52.

（4）评价。我们如何判断是否已经达到了目的？——目标检测的设计及整个教学设计的科学性、合理性、可行性的评价与修正。

《中小学教师教育技术能力标准（试行）》将课堂教学设计定义为主要依据教学理论、学习理论和传播理论，运用系统科学的方法，对教学目标、教学内容、教学媒体、教学策略、教学评价等教学要素和教学环节进行分析、计划，做出具体安排的过程。

课堂教学设计是教师有效开展课堂教学活动的保证，教学设计的目的不是发现客观存在的尚不为人知的教学规律，而是运用已知的教学规律去创造性地解决教学中的问题，为学习者组织学习资源，策划学习活动。[①] 但教学设计不应该成为课堂教学的唯一"剧本"。课堂的教学是千变万化的，我们面对的是不同层次的学生群体，他们的基础、思维方式、思维习惯均有很大差别，我们无法做到用一个"剧本"指引全部个体前进的方向和步伐。因此，课堂一定会有形态各异的教学生成。

教学预设和教学生成是一对矛盾体：教学预设是静态的，教学生成是动态的。教学预设和生成看起来都是课堂的进程，但教学预设是教师根据学生学情、知识的特点以及教学经验得来的，而教学生成是学生根据自身的知识构成、经验储备得出的"新的知识"，两者形同质异。

叶澜教授曾说："课堂应是向未知方向挺进的旅程，随时都有可能发现意外的通道和美丽的图景，而不是一切都必须遵循固定线路而没有激情的行程。""一节课不应该完全是预先设计好的，在教师与学生、学生与学生的合作、对话、碰撞中，难免会出现一些教师方案之外的新问题、新情况，这就是课堂的动态生成。"因此，我们要努力准备课堂的教学设计，更要重视课堂的教学生成，因为教学预设孕育着教学生成，教学生成丰富着教学预设。教学预设是教学生成的基础和前提，教学生成是对教学预设的实现和超越。在课堂教学中，教学设计不应该是一成不变的，更不应该是铁板一块。我们应随着课堂的深入逐渐调整课堂教学的进度和知识，不为设计好的"让教"而"让教"，也不为追求任务的完成而放弃课堂的生成。

[①] 熊惠民. 中学数学教学设计与案例研究［M］. 北京：科学出版社，2014：1.

第一节 数学概念课的教学设计

数学概念是反映数学对象本质属性的思维形式，是构筑数学理论的基石，是数学思想方法的载体。数学学科的发展史某种程度上也是数学概念的发展史，而数学概念是前人研究结果的高度概括。因此，我们也常说："学数学就是学数学概念。"李邦和院士说："数学根本上是玩概念的，不是玩技巧，技巧不足道也！"因此，概念教学在数学基础知识和基本技能教学中处于核心地位。

初中数学的概念学习是模式化的学习，概念的限制与概括及其逻辑方法是数学结构的基础，特别是逻辑方法是概念形成的基础。[①] 一般认为，初中数学的概念都是从一类事物中抽取共同本质属性获得的，当然这是针对概念的结果而言。从概念的来源看，概念教学首先要突出的是基本概念的教学。在"让教"的课堂中，我们可以创设概念的背景以及意义，让学生动手操作，画一画、摆一摆、说一说以及进行小组之间的讨论。学生在教师的启发下，通过观察、思考、研讨，用自己的语言找出事物内在的联系，从而挖掘出事物的规律性，也就是概念的来源。而对于这些，我们在进行教学设计的时候，要充分考虑概念的本质属性，注重探讨为什么要引进新概念，应通过再现概念产生的背景，渗透数学的思想观念，展现数学的学科特征与价值追求，揭示概念引入的合理性。

一、数学概念课教学设计的过程

概念是以实例来表征的，学生对概念的表征具有层次性。具有表征数学本

---

① 韩云桥. 教学课程"说数学"教与思［M］. 广州：华南理工大学出版社，2016：3.

质属性的特征实例，就是概念的原型。① 学生对概念的理解常常不是以分析、理解定义为主，而是以概念意象（又称概念图示）为主，学生是通过概念产生的图示（形态或性质）进行思考的，对于定义给出的文字叙述、表述只会进行一般的浏览，因此，学生对概念的理解并不扎实。例如，在初学《变量之间的关系》这一节课时，教材中对于"常量"的表述是"像这种在变化过程中数值始终不变的量"，学生并不会咬文嚼字地理解"始终不变"几个字的含义，所以其认知更多停留在"常量"就是"数字"上，因此当题目变形为"其中一个固定值为 t"时，学生就不认为 t 是常量，而是把它看作变量了。因此，教学设计不应只停留在对概念的表述上，而应更多地体现在对概念的理解上。一般而言，概念的设计需要经过下面三个步骤。

1. 数学概念的引用

数学概念的引用是数学概念定义以及运用的前提。在教学设计中如何很好地通过创设情境，让学生在所创设的情境中找出一定的数学规律从而将其和概念的定义衔接起来呢？概念的学习方式主要是通过一定数量的实例来引入数学概念，进而从这些实例中概括出它们的共同属性，因此选择恰当的实例是非常重要的。一般来说，选择实例需要注意以下几点。

（1）针对性

教师应该围绕概念的本质属性去选择实例，对于一些似是而非、和概念关联不大的实例尽可能少选择或淡化。例如，在"三角形两边之和大于第三边和两边之差小于第三边"的概念中，我们可以选择画出三角形后让学生把各边的长量出来，再通过任意两边的和与差同第三边进行比较；或者我们可以给出若干段小木棒，让学生通过拼、排、比构造出三角形，通过这样的比较，学生很容易找出它们之间的联系。这样的实例就具有针对性。

（2）可比性

我们的实例既要有正例也要有一定的反例。通过正反例子的对比，学生能区分它们的不同属性，这对于学生正确理解概念很有帮助。例如，在同类项的

---

① 李善良. 关于数学概念表征层次的研究［J］. 数学教育学报，2005，14（4）：35 – 37.

讲解中,我们把苹果、雪梨、香蕉等划归为水果这一类,如果把苹果、鸡、鸭、榕树放在一起,那能否归为水果一类呢?通过这样的正反对比举例,学生对同类项的划分就有了一个初步的了解。

(3)参与性

概念的学习不能只是依靠课本知识的简单重复,更不能让学生生搬硬套地去背熟、记忆。只记住概念而没有理解概念可能还是很难去运用。为此,我们应当让学生参与概念的认识、归纳和总结的过程,让学生通过类比、找规律知道概念的来源。因为只有参与了概念的挖掘、归纳,学生对概念的理解才会深刻。就算在后续学习中忘记了概念的表示形式,也可以通过概念的形成过程重新推导出来。

【案例1】

在教学《探索三角形全等的条件》第一节课时,我们可以通过一个条件、两个条件的不同情况让学生知道条件不够是无法画出全等三角形的。在探索三个条件是否可以证明全等时,我们让学生逐个去画三条边、两边一角或两角一边,证明每个学生所画的三角形是否全等,通过观察做出大致判断。下面以画三角形推断 SSS 为例进行介绍。

师:已知△ABC三边$AB=6$cm,$BC=4$cm,$AC=5$cm,求作△ABC,每个同学作一个,再通过对照看是否全等。

(学生马上拿出草稿本,用直尺来度量并画出三角形……)一段时间后,学生所作的三角形如图4-1-1所示。

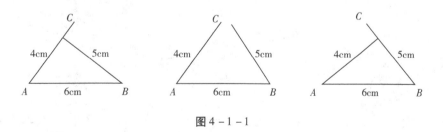

图4-1-1

生1:画不出统一的三角形,说明 SSS 不能判断三角形全等。

师:为何会画不出三角形呢?就算不能作为判断全等的方法,那也应该画出三角形来进行对比。

师：想想看，画不出的原因是什么？

生2：因为用直尺去画，没有角度限制，因此确定一条边之后，第二条边的方向很难确定。

生3：我觉得可以考虑用圆规，因为直尺在确定其中一条边之后，另两条边只能对应画出一条，但用圆规可以画出无数条，只要找出它们的交点就可以了……

从本课的教学设计中可以看出，在探索 SSS 作为三角形全等条件时，教师并没有强调要用圆规去画图，而是让学生先经历失败，再讨论得出正确的作图方法。这样的做法有利于学生一起参与概念的来源和存在性的探究，对于学生对概念的理解有非常大的帮助。

（4）归纳性

通过引入实例，学生在一定量的实例中找出它们的共性，并尝试用自己的语言去表达。这样的归纳可能对于概念的表述并不完整甚至会有一定的瑕疵，但再和概念的定义进行比较，有助于学生理解概念。例如，在三线八角"同位角"的学习中，为了帮助学生更好地理解同位角，教师在学生找出每一对同位角之后，让学生把构成那两个角的线用不同颜色的笔画出来。在找出若干对同位角后，把找出的图形放在一起，学生会很容易归纳出在三线八角中类似 F 形状的可看作"同位角"（图 4 - 1 - 2）。这样的归纳属于理解概念的一种技巧，对学生理解概念、运用知识有一定的帮助。

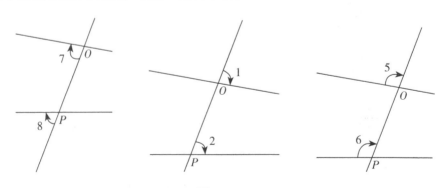

图 4 - 1 - 2

（5）适量性

实例要达到一定的数量，数量太少容易造成"守株待兔"的情况，不足以形成规律；但过多的实例又会让学生眼花缭乱，觉得枯燥无味。毕竟，学生不是数学家，不是去做数学的研究，也无须对所找的规律太过严谨，从教材的设计来看，一般能看出规律就够了。例如，在负指数的运算中，教材举例如下：

$10^4 = 10000$ $\qquad\qquad$ $2^4 = 16$

$10^{(\quad)} = 1000$ $\qquad\qquad$ $2^{(\quad)} = 8$

$10^{(\quad)} = 100$ $\qquad\qquad$ $2^{(\quad)} = 4$

$10^{(\quad)} = 10$ $\qquad\qquad$ $2^{(\quad)} = 2$

猜一猜,下面的括号内应填入什么数?你是怎么想的?

$10^{(\quad)} = 1$ $\qquad\qquad$ $2^{(\quad)} = 1$

$10^{(\quad)} = \dfrac{1}{10}$ $\qquad\qquad$ $2^{(\quad)} = \dfrac{1}{2}$

$10^{(\quad)} = \dfrac{1}{100}$ $\qquad\qquad$ $2^{(\quad)} = \dfrac{1}{4}$

$10^{(\quad)} = \dfrac{1}{1000}$ $\qquad\qquad$ $2^{(\quad)} = \dfrac{1}{8}$

上面通过一系列找规律的例子让学生总结出概念，举例就比较适量了。

2. 数学概念的理解

准确地理解数学概念是学好数学概念的关键。数学概念形成的学习方式是：在数学概念引入后，从实例中分析、抽象和概括出共同属性和本质属性。这种概括可能会经历反复修改的过程，每次修改都需要用实例加以检验。当所概括的概念与实例不一致时，应继续对概念进行修正，直至得到一个确切的定义。教师在设计教学时，要充分估计学生在概括实例所蕴含的共同属性和本质属性时会产生哪些错误，又有哪些地方在概括时有可能会不完整或有缺漏的情况，着重分析数学概念的逻辑结构、关键词语，敏锐地捕捉学生在概括时可能出现的错误与不足之处，并有针对性地举出一些实际例子予以纠正。

而数学概念同化的学习方式主要是将新旧概念建立联系，用实际例子对概念进行辨识，通过辨识进一步明确概念的含义、内涵与外延，并用以区别相关的概念。在这一过程中学生逐步对概念加深理解，将新的数学概念逐步同化到原有的认知结构中去，促使原有的认知结构变得更合理、更完整，并逐步形成新的概念体系。教师在设计时应注重揭示新旧概念间的联系与区别，并选择适当的例子将概念与概念之间的这种联系与区别直观而又具体地反映出来。

【案例2】

在做 $(-3)^{-1}$ 这种题目时，学生往往容易把底数的负号和指数的负号相乘，得到的结果是3。这是由于学生没有弄懂负指数的概念。这时通过找规律来得出负指数的概念，对于学生来说会比较困难。我们可以把 $(-3)^{-1}$ 变为 $(-3)^{1-2} = (-3)^1 \div (-3)^2$，让学生明白负指数的来源，即它是从除法得来的。之后，我们可以回归到除法运算中，$(-3)^1 \div (-3)^2 = \dfrac{(-3)^1}{(-3)^2} = \dfrac{-3}{9} = -\dfrac{1}{3}$。通过连续几个例子的比较，学生能找到另一种规律，也就是负指数的 "$-$" 相当于底数的倒数，因此 $(-3)^{-1} = \left(-\dfrac{1}{3}\right)^1$。这样的探索经历对学生理解负指数的概念会有更大的帮助。

3. 数学概念的运用

数学概念的运用是指学生在理解数学概念的基础上，运用它去认识同类事物。数学概念的运用有两个层次：一是知觉水平上的运用，是指学生在获得同类事物的概念以后，当遇到这类事物的特例时，就能立即把它看作这类事物中的具体例子，并将它归入一定的知觉类型；另一种是思维水平上的运用，是指学生学习的新概念从属于水平较高的原有概念，运用新概念必须对原有概念进行重新组织和加工，以满足解决当前问题的需要。因此数学概念运用的设计应注意精心设计例题和习题，具体可以分为以下几种。

（1）数学概念的识别

针对数学概念中容易出错的地方，有目的地设计一些问题，供学生鉴别，以加深学生对概念的印象。与概念引入和理解阶段相比，这里的问题可以多一些隐蔽性，也可以设置一些干扰因素。

（2）数学概念的简单运用

编制一组问题对数学概念加以运用，这组问题应当是递进的，有一定的变化，难度不宜过大。

（3）数学概念的灵活运用

有时直接利用概念的定义来解决问题，可以将问题化难为易。教师可以选择有关的问题作为例题和习题，培养学生灵活运用数学概念解决问题的能力。

例如，在学习了证明三角形全等的几种方法后，在刚接触三角形全等的练习时，很多学生就容易用错方法。

【案例3】

如图 4-1-3 所示，$AB /\!/ CD$，$AD /\!/ BC$，那么 $\triangle ABC$ 与 $\triangle CDA$ 全等吗？请说明理由。

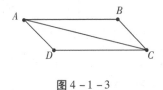

图 4-1-3

不少学生刚接触全等时容易犯下面的错误。

错例1：

$$\begin{cases} AB = CD \\ AD = BC \\ AC = CA \end{cases} \longrightarrow \triangle ADC \cong \triangle CBA \;（SSS）$$

错例2：

$$\begin{cases} AB /\!/ CD \\ AD /\!/ BC \\ AC = CA \end{cases} \longrightarrow \triangle ADC \cong \triangle CBA \;（ASA）$$

在错例1中，学生有一种先入为主的错觉，觉得这应该就是一个平行四边形，所以容易把平行四边形的性质当作它的条件，而在错例2中就直接把间接条件当作直接条件来用。以上这两种错误实际上就是源于对概念没有完全理解，属于错用、乱用概念，没有分清楚概念的运用条件，直接把所给的条件作为已知直接去运用。

【案例4】

在求 $(3-1)(3+1)(3^2+1)(3^4+1)(3^8+1)(3^{16}+1)(3^{32}+1)+1$ 的个位数字时，一般的解决方法是运用平方差公式去求解，最后得出它的个位数字为1，但仔细观察发现 $3^2+1=10$，意味着整个式子的结果是10的倍数，所以最后再加上一个1，它的个位数字就自然为1。这就是观察到了前几位容易计算的数字的值是多少，得出它是某一数值的倍数，从而求出个位数的方法，这也是概念的另一种灵活运用。

二、围绕"让教"进行概念课设计的几个维度

教学设计是将教师、学生、教学内容、教学环境组成一个有序的教学系统，是由分析、计划、实施、评价、修改五个环节构成的一种非线性结构。教师通过对各个环节中的核心元素进行优化组合，使学生在这个优化的系统中得到自由的、最大限度的发展。

1. 从"教教材"转向"用教材教"

叶圣陶说："教材不过是个例子。"教材上的数学例题不过是为了让学生获取知识或对某个知识进行强化训练，但在实际教学中，很多教师把对例题的教学看得非常重。实际上，我们可以根据学生的认知水平、学习风格、学习能力、学习需要对例题进行更替，使例题具有较强的选择性和灵活性。因此，"用教材教"的设计内容应包括：所学内容在这一章中所处的知识结构，以及该教学内容对于学生发展的价值；如何在教学中体现对价值的追求；教材的结构加工与学生认知结构、生命情感的对接点；等等。

2. 从知识传授转向满足学生发展的需要

以学生发展为中心的教学设计，重在设计激发学生学习动机、促使其更好地接受知识的学习环境；而以知识传授为中心的教学设计，重在完成传授知识和掌握知识的任务。尽管这是两个明显具有不同价值取向的设计模式，但从教学的角度来看，以满足学生发展的需要为中心，利用"让教"手段进行的设计，仍然要完成知识传授的任务，其中的知识传递已不再是孤立的知识传递，而是要求知识的获得过程与整个学习环境相适应，学习的启动者和控制者是学

生而不是教师，下面列表加以区别（表4-1-1）。

表4-1-1

设计模型	知识传授	学生发展
教学设计者所持的知识观	知识是客观的，可以从有知识的人那里传递给学生	知识不是纯客观的，是学生在与外界环境的交互过程中主动建构起来的，是"让教"后得出的一个成果
教学设计者所持的学生观	学生是知识的接收者	学生是知识的积极加工者，每个学生都会对知识有独特的理解
教学设计者眼中的师生关系	教师是知识的源泉，学生的活动要配合教师的活动	教师是学生学习活动的辅导者，教师教的活动要配合学生学的活动
规定性理论支持	有比较丰富的规定性理论支持，如行为主义的"刺激—反应"的规定性理论	基于建构主义思想的教学分析工具和教学策略方面的规定性理论支持
教学过程	鼓励学生模仿、记忆	鼓励学生发现、创造、解决问题
教学结果	获得的知识很系统，但往往是机械的、不灵活的	获得的经验可能深刻但不全面

第二节 "让教"课堂教学设计的优化和重构

教师要从学生的发展角度而不是知识的传授角度去进行教学设计。首先教师要明晰教学设计的结构。一般来说，教学设计的结构含有五个要素，分别是环节设计、每个环节二维结构的设计框架、任务性问题设计、学生活动设计（组织学生积极投入）、目标达成设计。前面提过，教学设计不是简单地把教材、教参中的知识进行复述，它需要对教材进行优化和重构，以符合学生的发展规律。

一、环节设计（学习内容的逻辑表达）

套用教材来上课，采用的是一种流程性的教学设计，是一种按部就班、循规蹈矩的设计；而针对学生的发展的教学设计，则会在课堂里安排比较多的学习任务性教学设计，通过学习任务来推动学生的思维发展。流程性教学设计与学习任务性教学设计对应如图 4 - 2 - 1 所示。

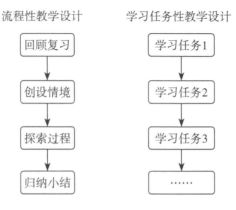

图 4 - 2 - 1

从图4-2-1可以看出，学习任务性教学设计和流程性教学设计具有很大的不同，流程性教学设计以教材、教参为参考，具有千篇一律的特点，但学习任务性教学设计利用问题串把所学的知识衔接起来，每一个任务都可以"让教"于生，让学生通过独立思考、小组合作、课堂展示获取每一个知识点。它的设计不具有普适性，但有利于学生思维的发展。下面以一个案例的结构对照两者的区别（图4-2-2）。

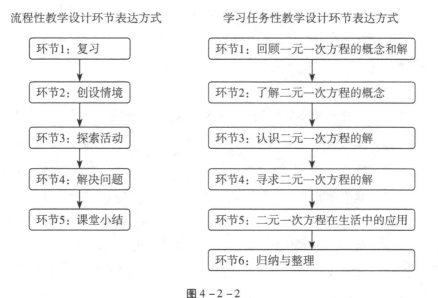

图4-2-2

【案例1】

北师大版七年级上册《线段、射线、直线》的教材分析

教师在课堂教学中的板块结构设计一般为情境创设—感悟—探究活动—应用，这样的结构设计符合学生的一般认知，也运用了探究活动，但更多属于知识的传授，对学生课堂上的知识生成或"让教"于生作用不大。而且学生在小学已经对这几个知识点有了初步的了解。到了初中阶段，学生再次学习，到底要学习什么？达成怎样的学习目标？教师需要对教材进行解读和优化。通过思考，我们把初中教学的重点定位在进一步理解线段、射线、直线的特征上。

所以，初中生学习该内容的逻辑结构如下（设计的基本环节）：

（1）进一步探索线段的特征。

（2）探索线段、射线、直线三者之间的联系。

（3）探索直线的特征。

（4）在复杂图形中认识线段、射线、直线。

【案例2】

在北师大版七年级上册《字母表示数》学习内容的逻辑结构（环节表达）中①，学生小学时已经接触过字母，但更多的是把字母运用到解方程中。根据以往的教学经验，学生很难理解字母的含义，还是容易把字母当作一个未知数。在本章中，字母被看作数字，而在生活中，字母只相当于一种符号。因此，本节课的重点首先是培养学生的符号意识。一般来说，符号意识主要体现在以下三个层面：

第一层，主动运用符号表示数的符号意识，它是开展数学思考的基础。

第二层，运用符号表示数量关系和变化规律的符号意识，它关注思考的过程。

第三层，使用符号进行运算和推理的符号意识，它关注数学的结论。

（字母表示数、方程模型的本质是关注符号意识的渗透，教学中要关注非方程类背景问题的符号意识渗透）所以，本节课学习内容的逻辑结构（设计的环节表达）是：①体会字母的含义与作用；②主动用字母表示数；③用字母表示数量关系；④初步运用字母进行运算与推理。

根据上述研究，教学设计中问题设计如下。

第一层，主动用字母来表示数。

问题1：小明拾到人民币若干元，请失者到教导处认领（对于这则招领启事，请把它填写完整）。

问题2：一只青蛙4条腿，两只青蛙8条腿……那么很多只青蛙有多少条腿？你如何来表示？

第二层，用字母来表示数量关系。

问题1：根据刚才所学，完成下列填空。

---

① 李梦娜，万荣庆. 重组教学内容结构　渗透三层符号意识——"字母表示数"教学设计与分析 [J]. 中学数学教学参考（中旬），2017（19）：12–14.

（1）小明今年 n 岁，小明比小丽大 3 岁，小丽今年_____岁。

（2）一件羊毛衫标价 a 元，若按标价的 70% 出售，则这件羊毛衫的售价是_____元。

（3）某城市 5 年前人均收入为 n 元，预计今年人均收入是 5 年前的 2 倍多 500 元，今年人均收入将达到_____元。

问题 2：某剧院第一排有 m 个座位，后面每排比前面多 1 个座位，则第 2 排有_____个座位，第 10 排有_____个座位。如何表示剧院中某排的座位数？

应该要注意到，在对教材进行优化和重构的时候，我们的教学设计需要注意两方面：一是明晰课题名称的本质与表达，二是如何去阅读教师指导用书。只有理解了教材、理解了学生，才能进行有效的、针对性强的教学设计。

1. 明晰课题名称的本质与表达

教材呈现的各课时名称有相当一部分用的是数学专业用语，学生难以明白该名称所要表达的数学本质及其与前面知识的联系。因此，教师在备课时首先要清楚该课时名称所表达的内涵，并能用通俗的语言表达出来。

例如：

（1）课时《分式》，其本质就是"进一步探究一类新的代数式的特征"。

（2）课时《代数式的值》，就是"探究一个代数式随其中字母的变化，其值的变化情况"。

（3）课时《函数》，就是"探究一种特殊的两个变化量之间的关系"。

（4）课时《确定圆的条件》，就是"进一步探究受条件限制如何画圆"。

简单来说，就是教师对学生难以理解的数学语言进行文字上的解读，用另一种形式去呈现本节课的课题。教师只有在教学设计中厘清了这些数学专业用语的数学本质，才能使学生更清楚每课时的内容及该内容与前后知识的关联，整体理解单元的知识系统，从而直达所学内容的本质。

2. 备课前如何阅读教材与教师指导用书

教师在阅读数学教科书时应遵循问题驱动原则、渗透数学思想方法原则、切合学生最近发展区原则，不断向自己提出一个接一个的问题，针对学生的理解找到自己需要的教与学的知识。我们可以用表4-2-1来表示。

表4-2-1

第一步 了解问题	1. 本节课是数学公式、定理、法则、概念课。 2. 如何对这节课进行备课？ 3. 新课标对这节课的要求是什么？ 4. 学生学习本节课已具备哪些知识点，已有哪些生活经验？
第二步 拟订计划	1. 本节课的核心提示语是什么？ 2. 由核心提示语你能找到一些确定数学思想方法等的关键词语吗？ 3. 由关键词语你能确定这节课有哪些知识点吗？ 4. 由关键词语你能确定这节课有哪些数学思想方法和数学史知识吗？ 5. 你能否利用数学思想方法和数学史来进行备课？ 6. 你能否确定学生学习本节课知识时感到最困难的知识点是什么？ 7. 你如何根据数学思想方法和数学史创设问题情境引导学生积极主动地探究？ 8. 你如何根据问题驱动原则确定问题并对学生进行提问？
第三步 实行计划	根据数学阅读得到的信息进行备课，写出教案，并进行试教和正式上课
第四步 反思教学	1. 根据教学反馈，你认为你从数学阅读中获得的信息有用吗？ 2. 课堂教学效果如何？如何改进你的数学阅读？ 3. 你充分挖掘本节课的数学思想方法并充分利用其进行备课了吗？

二、每个环节二维结构的设计框架

每 个 环 节	任务问题1 任务问题2 任务问题3 …… 任务问题n	学习方式1 学习方式2 学习方式3 …… 学习方式n	目标达成1 目标达成2 目标达成3 …… 目标达成n

三、任务性问题设计（不同于我们平时的问题设计）

对教材进行整合、优化、重构需要教师对教材重新设计任务性问题，也就是将教材内容转化成学生学习的路径。教材上的问题并不一定适合学生对概念、公式的理解，因而重新设计问题是必要的。华东师范大学叶澜教授和东北师范大学史宁中教授认为，任务性问题设计应该遵循如下要求：

陕西师范大学罗增儒教授也提出任务性问题设计的九个要点，分别是：

（1）课题性质分析（性质、本质内涵、一般教学思路）。

（2）课题内容分析（教材体系位置、你的理解）。

（3）学生认知基础分析（"四基""四能"）。

（4）教学目标分析。

（5）重难点分析。

（6）教学内容的逻辑结构分析（环节分析）。

（7）教学要素分析（知识点、基本思想与经验、核心素养）。

（8）难点突破分析。

（9）练习题分析。

【案例3】

在进行解方程组 $\begin{cases} 5x - 2y = 4 \\ 2x - 3y = 5 \end{cases}$ 的教学时，为了降低学生对这种方程的认知难度，我们在设计这个核心教学任务时，可对其进行二次分解，分解成如下三个学习任务，以推进全体学生的学习。

任务1：观察方程组 $\begin{cases} 3x - y = 4 \\ x + y = 8 \end{cases}$ 的特点，不用上节课的代入消元法，你能消除方程组中的 y 吗？请按照你的方法求出该方程组的解。

任务2：观察方程组 $\begin{cases} 3x - y = 4 \\ x - 2y = 7 \end{cases}$ 的特点，不用代入消元法，如何消去方程组中的 y？请按照你的方法求出该方程组的解。你能不能用类似方法消去 x，再求出方程组的解？

任务3：观察方程组 $\begin{cases} 3x - y = 4 \\ x + y = 8 \end{cases}$ 的特点，你能按上述方法消去方程组中的 y 吗？请按照你的方法求出该方程组的解。能不能用类似方法消去 x，再求出方程组的解？

为了降低难度，我们改变了方程的系数，目的在于让学生感受从代入法到加减法的过渡。系数的降低，让学生比较容易找出两个系数之间的关系，更容易把注意力放在如何消元上。

四、学生活动设计（组织学生积极投入）

任务性问题设计需要学生积极投入活动，让学生的思维活动代替教师的单一传授，这样的课堂活动有利于学生思维的发展。原有的课堂设计一般采用"两环节教学"，即学生思考—全班交流的教学。这样的环节设计和活动弱化了教师的功能，而且把小组讨论的功能降低了，使学生思维的发展缺乏互动和交流。因此，在现有的学生活动中，我们把"两环节教学"改为"四环节教学"，即教师启发式、追问式引导—学生独立完成—同伴互帮互查—全班交流。

"四环节教学"的学生活动增加了教师的引导，把教师在课堂上的作用定位在穿针引线上；同时增加了同伴互帮互查，目的在于让小组成员的思维进行有效的碰撞，从而在碰撞中找到方法和纠正错误。这样的设计有利于发展学生的思维能力，减少思维的盲目性。根据"四环节教学"，学生的活动一般如下：

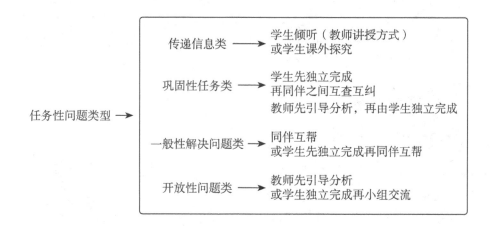

五、目标达成设计（确保每个学生获得成功）

现代教学理论下的课堂应该是真正以学生为主体的课堂，学生的学习与成长是教师组织课堂教学的基本出发点和最终归宿。现代课堂的重要评价标准之一是合理设计课堂的教学活动，它应该包括可行的目标达成检测手段。为了确保教学设计的目标顺利达成，教师在课堂教学中应该分两个时段去判断学生目标的完成程度。

1. 第一时段，学生独立思考

此时教师不应在讲台上观望，而应到学生中间巡视，除了观察学生是否能够完成教学任务外，还要做三件事：①指导学生之间开展学习；②设计并寻找典型资源；③个别指导。（关于教师的巡视前面已有详述，这里不做过多解读）

2. 第二时段，全班反馈

教师巡视结束后的反馈主要有两种形式：一是学生目标完成程度的预设，二是"生—生—师"间的小组交流反馈。对教材进行优化和重构也要考虑教学目标能否达成，教学活动应紧紧围绕教学目标，设置有师生、生生互动的学习活动，有效落实教学目标，并有可行的目标检测手段，引导学生经历知识的发现、证明、运用和验证的过程，重视知识的来源、方法、态度的迁移，加强教师的巡视，通过巡视挖掘新颖的解法、典型的错解以及规范的解法。抓住了现代课堂的这些核心要素，也就提高了课堂教学的效率，找到了推进课堂教学改革的有效方法。

第 五 章

教学设计案例

内容导读

　　"让教"课堂教学需要教师让出一部分教学时间，让学生参与到课堂中来，只有学生愿意参与，教师才能准确把握学生的学习状况。"让教"的设计主要是把学科知识设计成问题，让学生进行思考，同时留出部分时间去听取学生的学习反馈，以便于教师在教学过程中动态精准地调整教学策略和进度。

案例设计 1　分式的基本性质和约分

一、内容和内容解析

1. 内容

分式的基本性质和分式的约分。

2. 内容解析

　　分式的基本性质是分式变形的依据，也是后续学习分式的运算、分式方程等知识的基础，在全章中具有基础性地位。

　　分式约分的基本步骤是先确定分子和分母的公因式，然后利用分式的基本性质约去公因式，将分式变形为最简分式或者整式。

对分式的基本性质和分式约分的学习可以类比分数的基本性质和分数的约分，体现类比的数学思想和数学通性。

二、目标和目标解析

1. 目标

（1）了解分式的基本性质，体会类比的思想方法。

（2）掌握分式的约分方式，了解最简分式的概念。

2. 目标解析

达成目标（1）的标志：学生初步认识分式的基本性质，能运用分式的基本性质进行分式的变形；知道分式的基本性质、约分与分数的基本性质，两者具有一致性，从中体会"数式通性"和类比的数学思想。

达成目标（2）的标志：学生能依据分式的基本性质，按照分式约分的步骤将一个分式化成最简分式；知道最简分式的特征，能判断给定的分式是否为最简分式。

三、教学问题诊断分析

学生已经学过等式的性质，会用式子表示等式的性质，同时会用提公因式法分解因式，这些知识对本课的学习有着重要作用。但是学生对这些知识存在记忆不准确或遗忘的现象，不利于本节课的学习。

从形式上看，分式的基本性质、约分和分数的基本性质、约分几乎一样，表面上，学生接受起来没有困难，但在学生真正理解和掌握这个性质的过程中，还会遇到以下困难：① 对用字母表示基本性质时出现的用 A，B，C 表示整式接受起来存在困难（从数到式在认识上有个飞跃）；② 在进行约分变形时，会出现计算不准确的现象，表现为约分的结果不是最简分式。

本节课的教学难点：运用分式的基本性质进行分式的约分。

四、教学过程设计

1. 创设情境，引入新知

问题1：下列分数是否相等？

$$\frac{2}{3}, \ \frac{4}{6}, \ \frac{8}{12}, \ \frac{16}{24}, \ \frac{32}{48}。$$

师生活动：学生审题后，教师提问：

（1）这些分数相等的依据是什么？

（2）你能叙述分数的基本性质吗？

（3）你能用字母的形式表示分数的基本性质吗？

设计意图：通过实例，引导学生回忆小学学过的分数约分的依据——分数的基本性质，为类比引出分式的基本性质做铺垫。

问题2：类比分数的基本性质，你能想到分式有什么性质吗？

师生活动：学生尝试归纳。如果学生叙述不够准确，教师可以适当提示：如果分式的分子与分母分别乘同一个任意实数，所得分式与原分式仍相等吗？为什么？分别乘同一个整式呢？师生共同归纳得出分式的基本性质，教师板书课题。

设计意图：给学生独立思考、自主探究的机会，并在研究思路上加以引导，同时渗透类比的思想方法。

追问1：如何用式子表示分式的基本性质？

师生活动：学生回答，师生共同补充，教师板书分式的基本性质。

设计意图：通过用式子来表示分式的基本性质，加强对学生抽象表达能力的培养，使学生能够进一步抽象概括出分式的基本性质。

追问2：应用分式的基本性质时需要注意什么？

师生活动：学生尝试解释，教师根据学生的回答情况进行指导。

教师引导学生归纳：①分子、分母应同时做乘、除法中的同一种运算；②所乘（或除以）的必须是同一个整式；③所乘（或除以）的整式应该不等于零。

设计意图：一方面检查学生对性质的认识程度，另一方面通过思考与归纳，进一步加深学生对性质内涵的理解。

练习：

下列变形是否正确？如果正确，说出是如何变形的；如果不正确，说明理由。

(1) $\dfrac{x}{2x} = \dfrac{1}{2}$；

(2) $\dfrac{x}{x+1} = \dfrac{x^2}{x+1}$；

(3) $\dfrac{x^2 - y^2}{x - y} = x + y$.

设计意图：让学生理解分式的基本性质，加深对基本性质本质的认识。

2. 巩固性质，定义新知

例1 填空：

(1) $\dfrac{x^3}{xy} = \dfrac{(\quad\quad)}{y}$, $\qquad$ $\dfrac{3x^2 + 3xy}{6x^2} = \dfrac{x+y}{(\quad\quad)}$；

(2) $\dfrac{1}{ab} = \dfrac{(\quad\quad)}{a^2b}$, $\qquad$ $\dfrac{2a-b}{a^2} = \dfrac{(\quad\quad)}{a^2b}$ $(b \neq 0)$.

师生活动：学生独立思考，然后小组合作讨论，派代表发言。教师巡视，在讨论交流的基础上，引导学生运用分式的基本性质解决问题。此环节教师应关注以下问题：①学生能否紧扣性质进行分析思考；②学生能否逐步领会对分式进行恒等变形的依据；③学生能否总结出解题经验。对于第（1）题的第一小题，看分母如何变化，想分子如何变化；对于第（1）题的第二小题，看分子如何变化，想分母如何变化。

设计意图：巩固对分式基本性质的认识，为后面学习分式的约分做铺垫。

问题3：观察例1（1）中的两个分式在变形前后分子、分母有什么变化。类比分数的相应变形，你联想到什么？

师生活动：学生思考、回答，教师归纳：与分数的约分类似，在例1（1）中，我们利用分式的基本性质约去 $\dfrac{3x^2 + 3xy}{6x^2}$ 的分子和分母的公因式 $3x$，不改变分式的值，把 $\dfrac{3x^2 + 3xy}{6x^2}$ 化为 $\dfrac{x+y}{2x}$。像这样，根据分式的基本性质，把一个分式的分子与分母的公因式约去的做法，叫作分式的约分。经过约分后的分式

$\dfrac{x+y}{2x}$，其分子与分母没有公因式。像这样分子与分母没有公因式的式子，叫作最简分式。

设计意图： 通过对比、分析，在学生观察后，教师给出分式的约分和最简分式的概念。

追问： 分式约分，约去的是什么？

师生活动： 学生独立思考后进行课堂交流。

设计意图： 让学生知道分式约分是要约去分子和分母的所有公因式，使所得结果成为最简分式或整式。

3. 例题示范，新知运用

例 2　约分：

(1) $\dfrac{-25a^2bc^3}{15ab^2c}$；

(2) $\dfrac{x^2-9}{x^2+6x+9}$.

师生活动： 教师依次给出（1）（2）两个问题，学生思考解答，然后分组交流自己的做法，对出现的错例，要找出错误根源，归纳正确方法。教师适时提问：类比分数的约分，你能说出怎样对分式进行约分吗？你的依据是什么？

设计意图： 类比分数的约分，让学生学会对分式进行约分，明确找出分子和分母的公因式是约分的第一步，同时公因式应找全，约分要彻底。

追问1： 根据上述例子，你能归纳出在分式中找分子和分母的公因式的方法是什么吗？

追问2： 如果分式的分子或分母是多项式，那么该如何思考呢？

师生活动： 教师先让学生观察、叙述、补充，再自行总结确定公因式的方法，一般可以从以下三个方面入手：①系数约去最大公约数；②相同因式取最低次幂；③如遇多项式，首先要进行因式分解。

设计意图： 通过对（1）（2）的分析，帮助学生归纳总结出找公因式的方法，学会分式的约分。

练习：

1. 下列分式中，是最简分式的是（　　）。（填序号）

(1) $\dfrac{x^3}{3x}$；

(2) $\dfrac{x+y}{2x}$；

(3) $\dfrac{c}{c^2 + 7c}$;

(4) $\dfrac{x + y}{x^2 + y^2}$;

(5) $\dfrac{x + y}{x^2 - y^2}$。

2. 约分：

(1) $\dfrac{2bc}{ac}$;

(2) $\dfrac{(x + y)y}{xy^2}$;

(3) $\dfrac{x^2 + xy}{(x + y)^2}$;

(4) $\dfrac{m^2 + m}{m^2 - 1}$。

设计意图：运用最简分式的概念进行判断，巩固分式的约分。

4. 课堂小结

教师与学生一起回顾本节课所学主要内容，并请学生回答以下问题：

(1) 本节课主要学习了哪些内容？

(2) 运用分式的基本性质时应注意什么？

(3) 分式约分的关键是什么？如何找公因式？

(4) 结合探究分式的基本性质和分式约分的过程，你认为它们体现了哪些数学思想和方法？

设计意图：教师引导学生从知识内容和学习方法两个层面总结本节课的收获，归纳本节课的知识要点，建立知识间的内在联系。

五、目标评价设计

(1) 计算 $\dfrac{m}{3m + 9} \cdot \dfrac{6}{9 - m^2} \div \dfrac{2m}{m - 3}$ 的结果是（　　　）。

A. $\dfrac{1}{(m + 3)^2}$

B. $-\dfrac{1}{(m + 3)^2}$

C. $\dfrac{1}{(m - 3)^2}$

D. $-\dfrac{1}{m^2 + 9}$

(2) 计算：$\left(\dfrac{x^2 - y^2}{xv}\right) \div (x + y)^2 \cdot \left(\dfrac{x}{x - y}\right)^3$。

案例设计 2 平行四边形的判定

一、内容和内容解析

1. 内容

平行四边形的三个判定定理：两组对边分别相等的四边形是平行四边形，两组对角分别相等的四边形是平行四边形，对角线互相平分的四边形是平行四边形。

2. 内容解析

本课的三个判定定理分别从边、角、对角线等方面说明了判定平行四边形的条件。在平行四边形的判定中，平行四边形的定义是第一种判定方法，其他判定方法都需要从定义出发证明正确后才能成为判定定理。

对平行四边形判定的探究可以在类比勾股定理及其逆定理、等腰三角形性质与判定定理等的探究方法的基础上进行，通过类比这些性质和判定的命题关系得到启发；从平行四边形性质出发，探索其逆命题的真假，发现结论，形成猜想，用演绎推理证明猜想，从而发展学生的推理能力。

在运用平行四边形判定定理解决问题的过程中，需要学生根据已知条件，尝试从不同角度寻求判定平行四边形的最佳方法，训练学生思维的灵活性与深刻性。

基于以上分析，确定本节课的教学重点：平行四边形判定定理的探究与应用。

二、目标和目标解析

1. 目标

（1）经历平行四边形判定定理的猜想与证明过程，体会类比思想及探究图形判定的一般思路。

（2）掌握平行四边形的三个判定定理，能根据不同条件灵活选取适当的判定定理进行推理论证。

2. 目标解析

达成目标（1）的标志：学生能体会对图形判定进行探究的一般思路是从图形性质的逆命题出发，先形成猜想，然后利用定义进行演绎证明。

达成目标（2）的标志：在证明平行四边形的过程中，学生能根据不同的条件选择不同的判定定理进行推理论证。

三、教学问题诊断分析

对于八年级下学期的学生而言，经过近两年的初中学习，推理的意识与能力有所加强；在知识储备上，学生已经学习了平行四边形的性质，对命题与逆命题、定理与逆定理已经有了初步的认识，所以对于平行四边形判定的学习不能只是在实验操作中进行，而应当从性质的逆命题出发，先进行猜想，再进行证明。这种思考方法具有一般性，对学生后续的数学学习有促进作用。但可能有些学生还不能有意识地从性质、定理的逆命题出发，提出平行四边形的判定条件。另外，根据一个数学命题写出它的逆命题，对学生而言可能也有困难。

本课的教学难点：通过研究性质、定理的逆命题提出判定定理的猜想。

四、教学过程设计

1. 复习反思，引出新知

问题1：通过前面的学习，我们对平行四边形已经有了一些了解，请说说你对平行四边形有哪些了解。

师生活动：引导学生回顾平行四边形的概念和性质。

追问 1：根据以往几何学习的经验，接下来我们应该研究什么呢？

师生活动：学生回答研究平行四边形的判定。

追问 2：根据定义，可以判定一个四边形是不是平行四边形。除了平行四边形的定义，我们该如何去寻找其他的判定方法呢？

设计意图：通过对已有知识与经验的回顾反思，引导学生提出研究平行四边形判定的问题。

2. 经验类比，提出猜想

问题 2：在以前的学习经历中，我们有过类似的经验吗？

师生活动：教师引导学生回忆学过的一些图形判定定理的内容，如勾股定理的逆定理、等腰三角形判定定理等，通过与相应图形性质、定理的对比，获得启迪，尝试从性质的逆定理出发研究图形的判定。

追问 1：对于平行四边形，我们是否也可以通过研究其性质的逆命题而获得判定平行四边形的方法呢？

师生活动：教师顺势给出表 5 - 2 - 1，待学生互相补充完善、语言表述后形成猜想，并填入表格。

表 5 - 2 - 1

平行四边形的性质	平行四边形的判定
平行四边形的对边相等	猜想 1
平行四边形的对角相等	猜想 2
平行四边形的对角线互相平分	猜想 3

追问 2：原命题正确，逆命题一定正确吗？

师生活动：引导学生体会证明的必要性。

设计意图：让学生根据对命题的结构分析提出猜想，再根据"原命题正确，逆命题不一定正确"的认识进行反思，体会证明的必要性。

3. 理性思考，证明定理

问题 3：你能证明上述猜想吗？

师生活动：对于猜想 1 与猜想 2，教师引导学生画出图形，写出已知、求证，要求学生口头证明；对于猜想 3，要求学生自己选择适当的方法书面证明结论。

以"对角线互相平分的四边形是平行四边形"为例进行证明，教师引导学生画出图形，并写出已知、求证。

如图 5-2-1 所示，在四边形 $ABCD$ 中，AC，BD 相交于点 O，且 $OA = OC$，$OB = OD$。求证：四边形 $ABCD$ 是平行四边形。

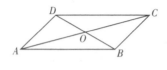

图 5-2-1

追问：要证明 $AB /\!/ CD$ 以及 $AD /\!/ BC$，根据平行线的判定，需要利用角的关系进行证明，你能得到相应的角的关系吗？

师生活动：学生回答可利用三角形全等证明内错角相等，从而得到两条直线平行，教师及时强调化四边形为三角形的思想，在此基础上，师生共同完成证明过程。

教师总结：通过推理论证的真命题可以成为定理，我们把上述三个结论称为平行四边形的判定定理。加上平行四边形的定义，我们一共有四种判定平行四边形的方法。

设计意图：引导学生从定义出发，证明上述逆命题为真，理解平行四边形的性质（平行四边形的对角线互相平分）和判定定理（对角线互相平分的四边形是平行四边形）都是从定义出发经过推理得到的真命题。

4. 运用定理，解决问题

例1　如图 5-2-2 所示，$AB = DC = EF$，$AD = BC$，$DE = CF$，求证 $AB /\!/ EF$。

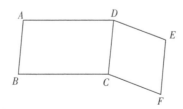

图 5-2-2

师生活动：学生独立思考形成思路后，由一个学生口述证明方法，教师板演。

设计意图：在平行四边形的证明中，最常用的是利用边或对角线进行证明，因为书上的例题只涉及对角线的证法，所以增加此例，同时示范证明过程的书写。这样下面的例2可以更多地关注思路分析与判定定理的灵活应用。

例2　如图5-2-3所示，平行四边形$ABCD$的对角线AC，BD相交于点O。E，F是对角线AC上的两点，并且$AE=CF$，求证：四边形$BFDE$是平行四边形。

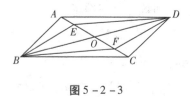

图5-2-3

师生活动：先由学生独立思考，若学生有想法，则由学生先说思路，然后教师追问——你是怎样想到的？对学生思路中的合理成分进行总结。若学生没有思路，教师可以引导学生分析——从条件出发，你能够联想到的结论有哪些？从要证明的结论出发，探究证明一个四边形是平行四边形有哪些方法，从而启发学生形成思路。

追问：你还有其他证明方法吗？你更喜欢哪一种证明方法？

教师总结：在证明平行四边形时，若条件集中在对角线上，运用与对角线有关的判定定理解决问题相对简便。分析问题条件的特点，选择适当的判定定理，可以帮助我们获得简便的解题方法。

设计意图：引导学生多角度思考证明思路，初步学会评价证明思路的合理性。

例3　在上题中，若E，F分别为直线AC上的两点，其他条件不变（图5-2-4），结论还成立吗？证明你的结论。

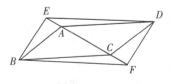

图5-2-4

师生活动：教师引导学生分析，若学生提不出不同的问题，应对不同思路进行点评。

设计意图：对例2进行简单变式，促进知识的迁移应用，发展学生的数学思维。

5. 课堂小结

教师引导学生参照下面的问题回顾本节课所学的主要内容，进行交流。

（1）通过本节课的学习，我们一共有几种判定平行四边形的方法？

（2）在具体证明中，如何选择这些判定方法？

（3）结合本节课的学习过程，谈谈对研究几何图形判定方法的思考。

学生畅谈后，教师结合图 5 - 2 - 5，从发现问题、提出问题（通过考查性质、定理的逆命题得到猜想）、分析问题和解决问题（利用定义证明猜想，形成判定定理）的角度进行总结。

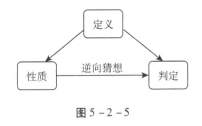

图 5 - 2 - 5

设计意图：通过小结，梳理本节课所学内容，总结方法，体会思想。

五、目标评价设计

（1）已知四边形 *ABCD*，下面给出的四个条件能否判定四边形 *ABCD* 是平行四边形？若能，请在该条件后面写出判定的依据。

① $AB = BC$，$AD = CD$；

② $AB = CD$，$AD = BC$；

③ $\angle A = \angle B$，$\angle C = \angle D$；

④ $\angle A = \angle C$，$\angle B = \angle D$.

设计意图：考查对判定定理1，2的理解情况。

（2）如图 5 - 2 - 6 所示，在平行四边形 *ABCD* 中，对角线 *AC*，*BD* 相交于

点 O。E，F 是对角线 AC 上的两点，请补充一个关于点 E，F 的条件，使四边形 $DEBF$ 是平行四边形，你补充的条件是_____。

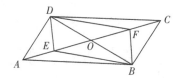

图 5 - 2 - 6

设计意图：考查判定定理 3，强化学生对平行四边形图形特征（中心对称性）的感知。

（3）如图 5 - 2 - 7 所示，平行四边形 $ABCD$ 的对角线 AC，BD 交于点 O。点 E，F，G，H 分别在线段 AO，BO，CO，DO 上，且 $AE = CG$，$BF = DH$。求证：四边形 $EFGH$ 是平行四边形。

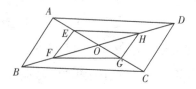

图 5 - 2 - 7

设计意图：考查学生根据已知条件灵活选取判定定理进行推理论证的能力。

（4）如图 5 - 2 - 8 所示，O 是平行四边形 $ABCD$ 的对角线 AC 的中点，过点 O 的直线分别与 AB，CD 交于点 E，F。求证：四边形 $AECF$ 是平行四边形。

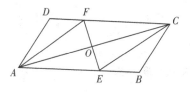

图 5 - 2 - 8

设计意图：考查学生综合运用平行四边形性质和判定定理解决问题的能力。

案例设计3 多边形内角和与外角和

一、内容和内容解析

1. 内容

多边形内角和与外角和公式。

2. 内容解析

多边形内角和与外角和公式反映了多边形边、角之间的数量关系，是多边形的基本性质。多边形内角和公式是三角形内角和定理的应用、推广和深化，它源于三角形内角和定理又包含三角形内角和定理。多边形内角和公式为多边形外角和公式、四边形及正多边形的有关角的学习提供了基础知识和根据。

对多边形内角和公式的探索从正方形、长方形的内角和研究出发，通过多边形的对角线把多边形分成几个三角形，利用三角形内角和定理得出多边形内角和公式，并加以推理论证。对多边形外角和公式的探索从六边形外角和的研究出发，利用多边形的内角和公式探索并验证 n 边形的外角和。上述都体现了从具体到抽象的研究问题的方法。多边形内角和公式的探索与证明都涉及将多边形分割成若干个三角形的化归过程，这个过程体现了将复杂图形化为简单的基本图形的化归思想。

基于以上分析，确定本节课的教学重点：多边形内角和公式的探索与证明。

二、目标和目标解析

1. 目标

（1）探索并证明多边形内角和与外角和公式，体会化归思想和从具体到抽象的研究问题的方法。

（2）运用多边形内角和与外角和公式解决简单问题。

2. 目标解析

达成目标（1）的标志：学生能在教师的启发引导下，从具体的特殊四边形内角和的研究出发，利用三角形内角和定理，逐步探索四边形、五边形、六边形……n 边形内角和，并通过推理证明 n 边形内角和公式。

达成目标（2）的标志：学生能探索出六边形的外角和，然后类比六边形的外角和的探索方法得出多边形的外角和公式，并能用实例进行验证，体会从具体到抽象的问题研究方法，并在把四边形、五边形、六边形……n 边形分割成若干个三角形的过程中，感悟化归思想。

三、教学问题诊断分析

从特殊的多边形内角和到 n 边形内角和公式的获得，是一个多层次的探索过程，本质上是由具体到抽象的逻辑推理的过程。例如，如何获得将多边形分割成三角形来解决问题的思路？如何确定分割后三角形的个数？这个过程不但结论具有多样性和变化性，而且需要关注的因素也比较多——边数、从一个顶点出发的对角线条数、分割的三角形个数、内角和等。学生把握这一过程会有一定的难度，教学的关键是：①引导学生弄清解决问题（推导）的层次；②引导学生注意相关的因素（边数、从一个顶点出发的对角线条数、三角形个数）；③引导学生观察相关因素之间的变化关系（边数的变化引起从一个顶点出发的对角线条数的变化，对角线条数又引起三角形个数的变化）；使上述①②③直观化。

四、教学过程设计

1. 探索四边形、五边形、六边形的内角和

问题 1：我们知道，三角形的内角和等于 $180°$，正方形、长方形的内角和都等于 $360°$，任意一个四边形的内角和是否等于 $360°$ 呢？你能证明你的结论吗？

师生活动： 教师引导学生分析解决问题的思路——如何利用三角形的内角

和求出四边形的内角和，进而发现只需连接一条对角线，即可将一个四边形分割为两个三角形（图5-3-1）。学生说出证明过程，教师板书。

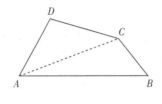

图5-3-1

设计意图：①从学生熟悉的、已知的特例出发，建立起四边形和三角形之间的联系，为提出一般问题做铺垫；②通过连接四边形的对角线，将四边形分割成两个三角形，得出四边形内角和等于两个三角形内角之和，这个环节渗透了将复杂图形化为简单的基本图形的化归思想。

追问1：这里连接对角线起到什么作用？

师生活动：学生回答——将四边形分割成两个三角形，进而将四边形的内角和问题转化为两个三角形的内角和问题。

设计意图：让学生进一步感受对角线在探索四边形内角和中的作用，体会化归思想。

追问2：类比四边形内角和的探究过程，你能推导出五边形的内角和吗？

师生活动：学生先独立思考，再分组讨论，最后代表汇报。学生类比四边形内角和的研究，得出从五边形的一个顶点出发可以作2条对角线，它们将五边形分割成3个三角形（图5-3-2），进而得出五边形内角和 $(5-2) \times 180°$ $=540°$。教师进一步启发学生从顶点或边两个角度解释（从顶点的角度：所取顶点与相邻的两个顶点无法连成对角线，所以少了两个三角形；从边的角度：所取顶点与它所在的两条边不能构成三角形，所以少了两个三角形），进而得出五边形内角和为 $(5-2) \times 180° = 540°$。

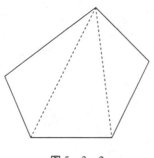

图 5 - 3 - 2

设计意图：将研究方法进行迁移，明确边数与从一个顶点作出的对角线条数、分割的三角形数、五边形内角和之间的关系，为进一步探究其他多边形内角和奠定基础。

追问 3：如图 5 - 3 - 3 所示，从六边形的一个顶点出发，可以作_____条对角线，它们将六边形分为_____个三角形，六边形的内角和等于 $180° \times$_____。

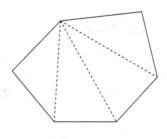

图 5 - 3 - 3

师生活动：学生类比四边形、五边形内角和的研究过程回答追问 3。

设计意图：让学生进一步体会将六边形分割成几个三角形的化归过程，明确相关因素（边数、对角线条数、三角形数）对六边形内角和的影响，为从具体的多边形抽象到一般的 n 边形内角和的研究奠定基础。

2. 探索并证明 n 边形的内角和公式

问题 2：你能从四边形、五边形、六边形的内角和的研究过程获得启发，发现多边形的内角和与边数的关系吗？你能证明你发现的结论吗？

师生活动：学生结合图 5 - 3 - 4 独立思考后，回答出 n 边形的内角和等于 $(n-2) \times 180°$，然后师生共同分析证明思路。证明过程如下：

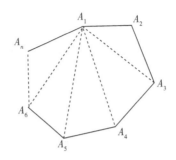

图 5 - 3 - 4

从 n 边形的一个顶点出发，可以作 $(n-3)$ 条对角线，它们将 n 边形分为 $(n-2)$ 个三角形，这 $(n-2)$ 个三角形的内角和就是 $\angle A_1 + \angle A_2 + \cdots + \angle A_n$ 的和，所以 n 边形的内角和等于 $(n-2) \times 180°$。

设计意图：让学生体会从具体到抽象的研究问题的方法，感悟化归思想的作用。

追问 1：通过前面的探究，填写表 5 - 3 - 1。

表 5 - 3 - 1

边数	从某顶点出发的对角线数	三角形数	内角和
4			
5			
6			
…			
n			

师生活动：师生共同填写表格，得出规律：多边形的边数增加 1，内角和就增加 $180°$。

设计意图：通过填写表格，回顾 n 边形内角和的探索思路。

追问 2：前面我们通过从一个顶点出发作对角线，将多边形分割成几个三角形，进而探究出 n 边形的内角和，那么，是否还有其他分割多边形的方法呢？

师生活动：学生自主探究，小组讨论交流，让小组代表板演并讲解思路。学生可能有以下几种方法：

方法 1：如图 5 - 3 - 5 甲所示，在 n 边形内任取一点 O，连接 OA_1，OA_2，OA_3，…，OA_n，则 n 边形被分成 n 个三角形，这 n 个三角形的内角和为 $n \times 180°$，以 O 为公共顶点的 n 个角的和是 $360°$，所以 n 边形的内角和是 $n \times 180°$ $-360°$，即（$n-2$）$\times 180°$。

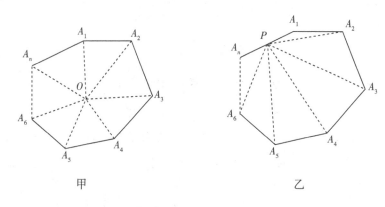

甲　　　　　　　　　　　　乙

图 5 - 3 - 5

方法 2：如图 5 - 3 - 5 乙所示，在 A_1A_n 上任取一点 P，连接 PA_2，PA_3，PA_4，…，PA_n，则 n 边形被分成（$n-1$）个三角形，这（$n-1$）个三角形的内角和为（$n-1$）$\times 180°$，以 P 为公共顶点的（$n-1$）个角的和是 $180°$，所以 n 边形的内角和是（$n-1$）$\times 180° - 180°$，即（$n-2$）$\times 180°$。

设计意图：让学生尝试用不同的方法分割多边形，把 n 边形问题转化为熟悉的三角形问题，再次体会化归思想的作用，进一步加深对 n 边形内角和公式推理过程的理解。

3. 运用多边形内角和公式

例 1　如果一个四边形的一组对角互补，那么另一组对角有什么关系？

师生活动：教师提出问题，学生画出图形（图 5 - 3 - 6），并根据图形将文字语言翻译成符号语言，明确题中已知 $\angle A + \angle B = 180°$，所求的是 $\angle B + \angle D$ 的度数，在这里要用到四边形内角和为 $360°$。完成解题过程后，教师引导学生得出结论：如果四边形的一组对角互补，那么另一组对角也互补。

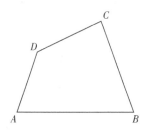

图 5 - 3 - 6

设计意图：让学生理解文字语言，并将文字语言转化为图形语言和符号语言，进一步巩固多边形内角和公式，利用公式解决具体问题。

例2 如图 5 - 3 - 7 所示，在六边形的每个顶点处各取一个外角，这些外角的和叫作六边形的外角和，六边形的外角和等于多少？

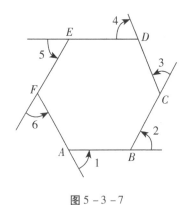

图 5 - 3 - 7

师生活动：教师出示问题，用以下问题引导学生分析题意：

（1）任何一个外角和与它相邻的内角有什么关系？

（2）六边形的 6 个外角加上与它们相邻的内角，所得总和是多少？

（3）上述总和与六边形的内角和、外角和有什么关系？

学生分组探究，小组代表展示解答过程：

六边形的任何一个外角加上与它相邻的内角都等于180°，因此六边形的 6 个外角加上与它们相邻的内角，所得的总和等于 $6 \times 180°$，这个总和就是六边形的外角和加上内角和。所以外角和等于总和减去内角和，即外角和 $= 6 \times 180° - (6 - 2) \times 180° = 2 \times 180° = 360°$。

设计意图： 对六边形外角和的探究，既巩固了多边形内角和公式，又为下一步探究多边形的外角和打下了基础。

4. 探索并证明多边形的外角和

问题3： 如果将例2中的六边形换为 n 边形（n 是不小于3的任意整数），可以得到什么结果？

师生活动： 教师先让学生根据三角形的外角和、六边形的外角和猜想出多边形的外角和是多少，然后由学生分组探究，小组代表说出解答过程：

根据多边形的任何一个外角加上与它相邻的内角都等于 $180°$，可得 n 边形的 n 个外角加上与它们相邻的内角，所得总和等于 $n\cdot180°$。这个总和等于 $n\cdot180°-(n-2)\cdot180°=360°$，从而得出多边形的外角和等于 $360°$。

设计意图： 通过问题引导学生把六边形外角和的探究方法迁移运用到 n 边形外角和的探究中，体会由特殊到一般的数学思想。

追问： 多边形的外角和等于 $360°$，能否运用其他方法进行验证呢？如图 $5-3-8$ 所示，从多边形的一个顶点 A 出发，沿多边形的各边走过各个顶点，再回到点 A，然后转向出发时的方向，在行程中所转的各个角与多边形有什么关系？所转的各个角的和是多少度？为什么？

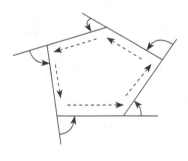

图 $5-3-8$

师生活动： 师生共同分析图形，并明确在每个顶点处所转的角分别是哪个角。然后学生独立思考，得出在行程中所转的各个角分别是多边形各个顶点的外角，所转的各个角的和就是多边形的外角和。因为走了一周，所转的各个角的和等于一个周角，所以多边形的外角和等于 $360°$。

设计意图： 用实例验证了多边形的外角和等于 $360°$，从不同的方面解释了多边形的外角和公式，并让学生体会数学与生活的紧密联系。

5. 巩固多边形的内角和与外角和公式

练习：

（1）十边形的内角和为_____°，外角和为_____°。

（2）已知一个多边形的内角和为1080°，则它的边数为_____。

（3）如图5-3-9所示，$x = $_____。如图5-3-10所示，$x = $_____。

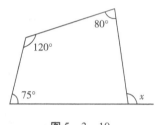

图5-3-9   图5-3-10

（4）一个多边形的各个内角都等于120°，它是_____边形。

（5）一个多边形的内角和与外角和相等，它是_____边形。

设计意图：通过练习巩固多边形的内角和与外角和公式，解决与多边形内角和与外角和有关的简单运算问题，训练学生思维的灵活性。

6. 小结

教师与学生一起回顾本节课所学的主要内容，并请学生回答以下问题：

（1）本节课主要学习了哪些内容？

（2）我们是怎样得到多边形内角和公式的？怎样得到多边形的外角和是360°？

（3）在探究多边形内角和公式的过程中，连接对角线起什么作用？

设计意图：引导学生从知识内容和学习过程两个方面总结自己的收获，通过建立知识之间的联系，凸显将复杂图形化为简单的基本图形的化归思想，强调从具体到抽象的研究问题的方法。

五、目标检测设计

（1）若一个多边形的内角和为900°，则这个多边形的边数为（   ）。

A. 6   B. 7

C. 8   D. 9

设计意图： 考查学生对多边形内角和公式的运用。

（2）若一个多边形的每个内角都是150°，求这个多边形的边数。

设计意图： 考查学生对多边形内角和公式或外角和公式的运用。

（3）一个多边形的内角和等于它的外角和的3倍，它是几边形？

设计意图： 考查学生运用多边形内角和与外角和公式进行计算的能力。

（4）如图5-3-11所示，在四边形 $ABCD$ 中，$\angle A = \angle D$，$\angle B = \angle C$，AD 与 BC 有怎样的位置关系？为什么？

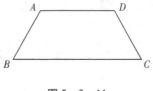

图 5 - 3 - 11

设计意图： 考查学生运用多边形的内角和公式解决问题的能力。

案例设计4 三角形内角和定理

一、内容和内容分析

三角形内角和定理是"图形与几何"领域的基础知识，它从角的角度刻画了三角形的特征。三角形内角和定理的探究体现了由实验几何到论证几何的研究过程，也说明了证明的必要性。

三角形内角和定理的证明以平行线的相关知识为基础,通过对定理验证方法(剪图、拼图)的探究,不仅说明证明的必要性,也使学生从中获得添加辅助线的思路和方法。定理的证明思路是三角形的三个内角与组成平角的三个角分别相等。

基于以上分析,确定本节课的教学重点:利用平板实时上传探索并证明三角形内角和定理的过程,体现证明的必要性。

二、目标和目标分析

1. 目标

(1)对比过去撕纸等探索过程,体会思维实验和符号化的理性作用。

(2)用多种方法证明三角形内角和定理,培养一题多解的能力,学会添加辅助线。

(3)灵活运用三角形内角和定理解决相关问题。

2. 目标分析

学生能用多种方式验证三角形内角和定理,并能写出基本的说明,初步体会数学说明所需具备的严谨性和逻辑性。能否运用所学概念对较为复杂的几何图形问题进行解答是是否掌握定理运用的一个判定标准。

三、教学问题诊断分析

证明三角形内角和定理需要添加辅助线,这是学生第一次遇到用辅助线证明定理的问题。由于添加辅助线是一种尝试性活动,规律性不强,学生会感到困难。教学时,教师要让每个学生都亲自动手剪图、拼图,引导学生在实验的过程中感悟添加辅助线的方法,进而发现思路、证明定理。学生把剪图、拼图情况和辅助线的做法通过拍照上传到平板,由教师进行批改。

四、教学过程设计

1. 利用抢答，引入课题

通过抢答，学生回答以下几个基础问题：（学生用平板进行抢答）

（1）三角形的内角和是什么？

（2）平行线的判定方法有几种？

（3）平行线的性质有哪几个？

设计意图： 用最基本的几个数学概念既引起了学生强烈的求知欲望，激发了学生的学习兴趣，活跃了课堂氛围，也揭示了本节课的核心概念、引入新课自然贴切，又巩固了之前学过的知识。

2. 学生范教，引出问题

探索并证明三角形内角和定理。

问题1： 如图5-4-1所示，一名学生用事先准备好的三角形复习小学时学过的"三角形的内角和为180°"这个定理，并通过剪纸、拼图的方法进行验证。

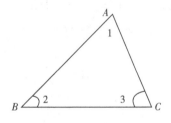

图5-4-1

首先将三角形的两个角撕下来，和第三个角拼成一个平角。

然后这个学生拿出第二个三角形（图5-4-2），并用不同的方法来验证三角形的内角和为180°。

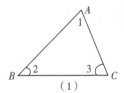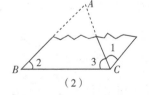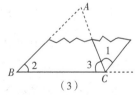

（1）　　　　（2）　　　　（3）

图5-4-2

（1）做一个三角形纸片，它的三个内角分别为∠1，∠2，∠3．

（2）如果我们只把∠1移到图5－4－2（3）的位置，你能说明这个结论吗？

设计意图：通过学生在范教中的复习，让学生对小学时学过的定理有一个重新的认识，不但利用小学的剪图、拼图方法来验证内角和，还利用新学过的平行线的性质来验证内角和，让学生学会从不同的角度思考问题，为下一步提出更多、更新的方法埋下伏笔。同时，把提问这部分的教学交给学生去处理，对学生是一个挑战，也是一个极好的锻炼机会。

3. 独立思考，教师引导

问题2：这个同学在讲解完之后又提出一个问题——如果不移动∠1，那么你还有什么方法说明三角形的内角和为180°？

请将你想到的方法在图中画出来，看哪个同学想的方法最多。

（提示：作辅助线）

学生甲作出图5－4－3来讲解如何利用平行线证明三角形的内角和为180°，并着重强调这条虚线的做法，之后提出几个问题。

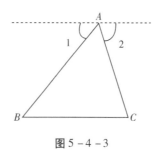

图5－4－3

追问1：为何要作一条这样的平行线，这样做的目的是什么？

生1：利用180°得到平角，为了能把角进行转换，想到了平行线的性质，进而想到直线，所以可以过某个顶点画一条直线或将一边延长成直线。

生2：由平行内错角可知∠B＝∠1，∠C＝∠2。

追问2：如果不作平行线是否可行？

生3：可以把∠B和∠C都放在同一条直线上，最终得出三个角相加等于180°；如果不是平行线，所构成的同旁内角没法互补，就得不到角的转换。

设计意图：两名学生通过作图不断地追问这样做的目的，让其他学生反思操作的过程，体会添加辅助线的方法，获得证明思路，感悟辅助线在几何证明中的重要作用。这里，两名学生代替教师授课，成为课堂事实上的"小老师"。

4. 合作讨论，探究新知

问题3：如图5-4-4所示，回答下列问题。

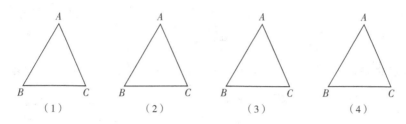

图5-4-4

（1）用多种方法证明三角形内角和定理。

（2）你的每种方法是如何添加辅助线的？

（3）选取其中的一种方法写下严谨的证明过程。

每个小组选择一份最好的方案，拍照上传。

师生活动：学生先独立思考，然后小组交流并汇报作辅助线的不同方法和不同思路，教师深入到学生的合作中去，随时了解学生的解答情况，把不同解法的案例拍摄下来，在后面作为一种成果进行展示。

师：组长把小组讨论出来的成果拍照上传，学生通过平板可以了解各组的解题情况。

学生受教师讲解的启发，过点A作BC的平行线，如图5-4-5（1）所示，利用平行线性质和平角定义完成证明，也可以用图5-4-5（2）所示的方法证明，在边上取一点作两边的平行线，利用平行四边形和平行线的性质进行证明，或仿照小学时的折纸来作图［5-4-5（3）］。教师没有评判这些不同的做法，而是让各组的学生来讲解本组的做法，通过讲解，让全班来判断这些不同解法的正误。

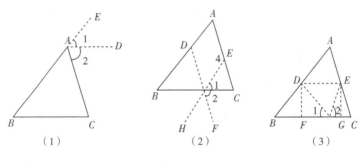

图 5 - 4 - 5

设计意图：这是本节课的难点，在学生初步掌握概念的基础上，教师采用合作探究的教学方式、从演绎到归纳的思维方式，放手让学生想、说、写，充分开发学生的学习资源，在尝试中暴露学生的思维，引导学生主动参与、解决问题，鼓励学生从不同角度思考问题，进一步体会作辅助线的方法，丰富学生的解题经验。此处可以根据学生的实际情况进行取舍。

5. 应用新知，体验成功

独立完成，拍照上传。

各小组的 1，2 号同学，请完成以下题目：

如图 5 - 4 - 6 所示，在 △ABC 中，∠B = 38°，∠C = 62°，AD 是 △ABC 的角平分线，求 ∠ADB 的度数。

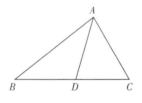

图 5 - 4 - 6

各小组的 3，4 号同学，请完成以下题目：

（1）△ABC 中，∠A = 40°，∠B = 50°，则 ∠C = _____。

（2）△ABC 中，∠B = ∠C，若 ∠A = 60°，则 ∠B = _____。

（3）△ABC 中，∠A : ∠B : ∠C = 1 : 2 : 3，则 ∠C = _____。

师生活动：

（1）教师引导学生分析解题思路，明确如何运用内角和定理。

（2）采用分层练习，让不同层次的学生都有事可做。

（3）教师通过平板及时了解学生的做题情况，并筛选出做得好的给予加分，对做得不完善的帮助纠正，对于典型的错误且具有普遍性的题型在班上重点评讲。

设计意图： 教师放手让学生自主学习，并且通过范例讨论、课堂练习巩固新知，同时获取学生反馈的信息，让学生体验学习的成功和快乐，真正落实知识与技能目标，提高学生的自主探究能力。教师还能通过学生做题的正确率更好地了解班级学生对知识的掌握情况，对后续的教学任务能做到有的放矢，及时调整教学任务并掌握学生的动态。

6. 课堂小结，反思提高

教师与学生一起回顾本节课的主要内容，并请学生回答以下问题：

（1）证明三角形内角和定理有几种方法？

（2）你是怎么找到三角形内角和的证明思路以及辅助线作法的技巧的？

（3）三角形内角和定理的简单应用。

设计意图： 这里教师不包办，把问题交给学生，但放中有扶、扶中有放。通过小结，帮助学生梳理本节课所学内容，使学生掌握本节课的核心——三角形内角和定理，进一步体会证明的必要性，感悟辅助线的添加方法及其在几何证明中的作用。

提高题　如图 $5-4-7$ 所示，在 $\triangle ABC$ 中，$\angle A = 65°$，BF 平分 $\angle ABC$，CF 平分 $\angle ACB$，求 $\angle BFC$ 的大小。

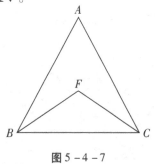

图 $5-4-7$

设计意图：考查学生运用三角形内角和定理及角平分线的定义解决几何问题的能力。

★★**案例评析**

（1）本案例中，教师寓数学于问题之中，和以往课堂上由教师不断抛出问题让学生去解决不同，教师并没有包办课堂，而是把这部分时间让给学生（提前把任务布置给学生，并指导学生如何去提问以及如何对待同学的回答），通过独立思考、小组合作、平板展示等教学手段，让学生把探讨得来的知识表述出来。整堂课学生始终沉浸在快乐的学习氛围中，一直处在提出问题、探讨问题和解决问题中，每个学生都能在课堂里找到归属感。

（2）本案例中，教师大胆地利用和挖掘教材，充分利用合作后各小组的成果资源，使课堂形成了富有活力的生态环境，重视学生自主合作能力和探索能力的培养；审视整堂课的教学过程，善于从学生的旧知识结构中寻找联结点，促进学生自主学习、合作和探究；自然引出新课，让学生讲解图形，在指导中寻找不同的解法，放手让学生去寻找、去归纳；在小结和练习中同样把时间交给学生，努力做到"做中学、探索中学"，结合学生暴露的思维再进行引导，充分体现了"学生是学习的主人"，也体现了数学学习的发展性。

（3）课堂尊重传统教学但又不拘泥于传统教学，大胆借助平板、投影、多媒体等高科技来丰富教学手段。教师并不因为"让教"于学生而做一个甩手掌柜，而是深入到学生的合作学习中，通过平板在第一时间了解学生的学习状态，适时改变教学流程；对出现的成果没有简单地去判断对错，同样是交给小组去讲解，这样的讲解对于小组来说是一个很好的锻炼，而教师只需适当给予鼓励或纠正就可以了。

案例设计 5 "直角三角形全等的证明" 教学设计

在当前的课堂教学中，教师更重视"如何教"。因此，课堂教学模式不断翻新，教师设计了各式各样的情境去吸引学生的注意力，希望能激发学生的学习兴趣。对于教学内容，教师基本以教参为主，教参上怎么说就怎么教，至于是否适合自己的学生倒很少考虑。实际上教材中的很多素材极具开放性，为的就是让教师根据学生学情进行优化或改造，以使教学效果更好。

在"证明两个直角三角形全等"的教学活动中，为了在教学中进一步落实模型思想，教师让学生在学习中体会建模思想，我对这一教学理念做了一些有益的实践。课堂里，我通过让学生经历数学发生与发展的过程，不仅最大限度地激活了学生的数学思维，而且对数学的发展过程进行几何建模，让学生去感受数学既源自生活，又能在生活中生成。

一、教材中知识的背景

根据《数学课程标准》对直角三角形全等的教学要求，探索并掌握判定直角三角形全等的 HL 定理。这是在七年级学习全等之后时隔一年再来学习直角三角形的全等，教材在这一课之前已复习了判断三角形全等的条件，而教材的要求是直接告知学生两个直角三角形全等的判定方法是斜边、直角边相等，并让学生尝试去验证知识的成立性。

如果按照教材的要求来组织教学活动，在证明 HL 作为判定是否成立的过程中就只发生了一次思维活动，对学生了解知识的"发生"深度不够。教材中提供的问题探究对学生的思维深度、广度的培养同样有所欠缺。因此，我适当地对导入和问题加以优化和改造,让学生在课堂中感受知识的发生、发展是本课的重点。

二、"让教"在课堂中的价值判断

教师根据教材提供的教学资源组织以下的教学活动:

资源一:两边及其一边的对角对应相等的两个三角形全等吗?如果其中一边所对的角是直角呢?请证明你的结论。

资源二:用两个相同的直角三角板来画角的平分线。

资源三:如图 5 – 5 – 1 所示,已知 $\angle D = \angle C = 90°$,要让 △ABC 和 △ADB 全等还需要什么条件?

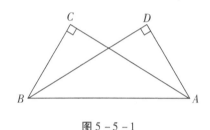

图 5 – 5 – 1

教材这样设计遵循了得出概念—应用理解—开放概念的规律。应该说教材这样设计简洁明了,按照概念的基本教法去教,但似乎弱化了概念来源这一部分。由于教材没有给出具体的解决方法,等于把概念的来源交给了教师去处理,看似解决入口很宽、方法很多,但实际上,关于得出概念这部分,教材给出的问题包含着几个子问题需要去解决:首先,三角形中 SSA 能否作为判定的方法;其次,不能判断的原因主要是什么;再次,如果找到原因突破这个限制,能否说明 SSA 能作为直角三角形全等的判定定理;最后,如何去应用。因此教材看似给了教师很大的教学空间,但实际上教材包含的子问题才是需要教师重视的。

本着对教材的理解,我对教材进行了设计上的细化和问题的改造。

1. 细化教材中的导入部分

教材没有给出其他引入,只是给出一个问题让教师去处理,这使得有些教师并没有真正理解教材设计的意图,往往忽略此处的导入而直接告知学生可以用 SSA,也就是 HL 来判定直角三角形全等。这样的授课只是授之以鱼而非授之以渔，而教学既要授之以鱼更要授之以渔。

为此，我先设计了问题直接问学生：SSA 能否作为三角形全等的判定方法？在得到答案后我再让学生去探讨不能作为判定方法的原因何在。这种问题的导入会很出学生意料，学生认为教材或教师是高高在上的，权威是不容置疑的，现在居然要去否定并探讨它，这对学生来说是一个挑战，但也是一个充满刺激的旅程。当然，在这个旅程中，我并没打算只让学生独立思考，而是"让教"于学生，让学生通过合作、讨论得出结论。

在学生得出如何才有可能运用 SSA 时，我给出含有直角边、斜边具体长度的直角三角形，让学生通过画图、剪纸去判断是否全等。通过合作讨论，学生能够运用一系列的方法去证明 HL 可以运用到直角三角形的判定中。

2. 改造教材中的问题模型

教材中提供的练习是用两个相等的三角板去画角的平分线，这样的问题设置对于学生要求不是很高，但能有效地激发学生的求知欲，让学生把刚学过的知识运用到实际题目的解决中。当然，由于问题的设计较为简单、知识点的运用较为单一，学生很难进一步厘清图形结构在图形中的变换。因此我重新设计了几道练习题，前两道是单一知识的应用，在第三道题中，我设计了一个生活中常见的滑梯习题。此题图形的结构看起来较为复杂，但其中有很多混淆视听的线段，如何在较为繁复的图形中抽丝剥茧似的剥离出要证明的三角形，对学生来说是一种考验。同时，此题的设置为后续让学生给这两个直角三角形重新建立数学模型做好了铺垫，培养了学生的数学模型思想。

三、价值判断下的活动设计

问题 1：SSA 能否作为三角形全等的判定方法？为何不行？

设计意图：在七年级学习全等时，并没有涉及为何 SSA 不能作为三角形全等的判定方法的问题，那是鉴于七年级学生无论从思维来说还是从思想来说都较难理解其不能全等的原因。经过一年的学习再问，既可以提升学生的分类思想能力，也为后续学习直角三角形全等的必然性和合理性埋下伏笔。

学生活动：SSA 不能判定三角形全等的原因是，这个"A"也就是"角"

无法确定。同时举例，如图 5 - 5 - 2 所示，$AC = A_1C_1$，$AB = A_1B_1$，$\angle B = \angle B_1$，虽然符合了 SSA，但很明显两个三角形并不全等。

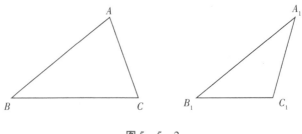

图 5 - 5 - 2

问题 2：SSA 不能作为判定全等的条件问题出在哪里？

设计意图：学生容易产生一种固有思维，既然教材中明确了不能作为判断的条件，那就不会再去考虑为什么，而在这个问题里，教师人为制造悬念，让学生去挖掘为何不能全等。由于学生已经找到了不能作为全等的实例（图形），此时让学生对图形进行深挖，把图 5 - 5 - 2 中的两个图合并成图 5 - 5 - 3，较为容易地得出 SSA 不能作为全等条件的原因所在。找出了其无法作为全等条件的原因，也就能为后续探究 SSA 能成为判定三角形全等的所需条件打下了基础。

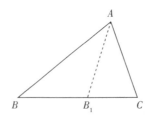

图 5 - 5 - 3

问题 3：设定 $AC = A_1C_1 = 5$，$AB = A_1B_1 = 3$，$\angle B = \angle B_1 = 90°$，那么 $\triangle ABC$ 和 $\triangle A_1B_1C_1$ 还全等吗？

设计意图：由于给定了特殊值，因此学生会先画出图形再来进行判断，大部分学生能通过观察得出它们全等，但观察不能作为依据。如果直接让学生去证明全等，难度较大。通过教师的引导，学生首先想到把所画图形剪下来根据是否重合来判断。这种方法回到了最初学习全等时的定义，对学生认定直角三角形在此时会全等奠定了基调。此时教师再追问：还有其他方法能证明它们全等吗？这样的追问促使学生知道除用剪纸去验证还要用推理逻辑去说明，也教学生用已有的知识去证明新的知识，进行知识上的一种迁移，也是从特殊到一般的过渡问题。

问题4：在△ABC和△$A_1B_1C_1$中，已知$AC = A_1C_1$，$AB = A_1B_1$，$\angle B = \angle B_1 = 90°$，求证△$ABC \cong$△$A_1B_1C_1$。

设计意图：通过问题3中把边长作为特殊值进行证明，再把特殊值换成一般情况来证明就显得水到渠成了。学生因为有了上一题的解题方法，解这一题时就显得游刃有余了。相比上一题，学生需要用字母去表示各边的长，再运用勾股定理去表示出第三边，这属于从"数结构"到"式结构"的一种转换，结合了数形结合的方法。实际上SSA这种特殊情况的证明就是HL判定定理。

问题5：完成以下两道练习题：

（1）如果两个直角三角形的两条直角边对应相等，那么这两个直角三角形全等的依据是（　　）。

A. SSS   B. AAS

C. SAS   D. HL

（2）如图5-5-4所示，$\angle B = \angle D = 90°$，$BC = CD$，$\angle 1 = 40°$，则$\angle 2 = $（　　）。

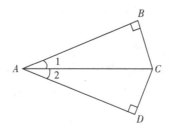

图5-5-4

A. 40°   B. 50°

C. 60°   D. 75°

（让学生独立思考，然后小组讨论，通过画图和条件上图去解决问题）

问题6：如图5-5-5所示，有两个长度相同的滑梯，左边滑梯的高度AC与右边滑梯水平方向的长度DF相等。

（1）∠BCA 和∠F 相等吗？

（2）两个滑梯的倾斜角∠B 和∠F 的大小有何关系？

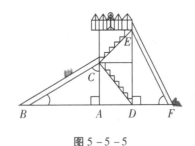

图 5 – 5 – 5

设计意图：在学生已初步掌握直角三角形 HL 的证明方法后，这里选择了两道习题。问题5的目的在于让学生加深理解和掌握"双基"，问题6的目的在于让学生学会思考，培养和发展能力。两道题目具有典型性和多样性，由单一到综合，循序渐进，由浅入深。问题5的第一题旨在让学生习惯通过画图去解决问题。在实际做题中，很多学生想当然地选 D，这就是没有画图而导致的错误。问题6的价值在于让数学回到生活中去，让学生利用学过的知识去解决基本的生活问题。因为图形比较繁复，学生学会"化繁为简，剥离出有用的条件为自己所用"是本题的一个难点，但掌握本题为提升学生数形结合与数学建模的核心素养做好了铺垫。

问题7：问题6实际上是解决了什么样的问题？这个问题和今天课堂中的内容有哪些联系？

追问：如果学生无法得出两个直角三角形的关系，则教师进一步追问"所解决的问题和哪几个图形有关？所涉及的知识点有哪些？"目的是促使学生在学习方向中建立数学模型思想。

问题8：如果把习题中所作的两个直角三角形抽离出来，重新进行组合，你们能得出哪些图形的组合？

设计意图：教师没有直接告诉学生如何进行图形组合，而是让学生通过独立思考、小组合作的形式在小组中对图形进行组合，目的是让学生建立一种数学的模型思想。对于有困难的小组，教师要给予引导。最后教师在每个小组中找出一些有一定价值的组合图形推荐给全班学生，并为解决下一问打下基础。

对于一些组合并不是特别好的，教师同样要进行展示，让学生简单判断不太适合的原因。（图5-4-6是精选部分组的图形组合）

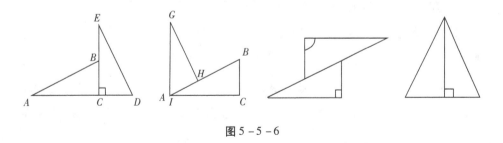

图5-5-6

问题9： 在你们重新构造的图形中选一个图形进行题目的编写。

学生活动： 如图5-5-7所示，△ABC和△GAH中，AB=AG，BC⊥AC，GH⊥AB，求证：

（1）△ABC≌△GAH；

（2）∠GAC=90°。

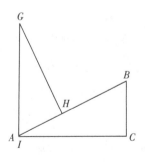

图5-5-7

设计意图： 设置问题9的目的是引导学生学会分析和归纳，尝试从做题中引出解题的基本方式。如果学生无法观察到本题属于两个直角三角形间的问题，教师则可以进一步引导学生思考，最后得出答案。在得出是两个直角三角形的问题后，让学生独立思考、合作讨论，在条件不变的基础上对两个直角三角形进行图形重组，让学生体会"形结构"的组合，从而建立起一种模型思想。最后，在学生诸多图形组合中，师生共同找出比较经典、熟悉的组合，并由学生尝试去编题，体会数学图形的变换带来的别样感觉。

四、活动设计下的教学思考

1. 教什么是教学设计的灵魂

章建跃教授说："教什么是课堂首要问题，解决不好，课堂教学就是无米之炊，无论你的教学方法多么好，结果都是竹篮子打水一场空。"就如"吃什么永远比如何吃更重要"一样，在数学教学中的集中体现就是"教什么比怎么教更重要"。但教师如果没有理解教材所赋予这节课的内涵，就很容易忽略知识带来的生成，直接上成一节练习课。

如果课堂以练习课的形式来呈现，那学生收获的只是运用上的一种熟练，学生在练习中并没有获得思考和发展的能力。因此，课堂上设计了让学生探讨特殊值的直角三角形可以全等的活动，再由特殊到一般证明 HL 可作为判定定理，让学生经历思维上的递进：疑惑—探索—确定—证明。学生在这个学习过程中收获的不仅仅是一种知识，更是一种探索知识的方法和智慧。

2. 经历数学的发生发展过程

教学中，教师应注重结合具体的学习内容，设计有效的数学探究活动，使学生经历数学的发生发展过程，这是学生积累数学活动经验的重要途径。[①] 本节课的教学设计不满足于只授之以鱼的课堂教学，将教材大方向的引入转变为"细化引入"，让学生通过一系列的探索和学习对知识进行溯源。

由于思维源于问题，问题才是数学的心脏。本节课通过设计问题链来营造一部环环紧扣的"剧"，学生就是"剧"中的主角，通过每一个问题的解决引出下一个矛盾冲突。主角们把每一个"链"扣解开，整部剧才完美，而"剧"的结局是开放的，并不是由教师来定义的，而是主角在独立思考、合作讨论、操作画图中产生冲突而得出的，它的结晶独一无二地彰显了数学的美丽。

---

① 教育部. 义务教育数学课程标准（2011 年版）［M］. 北京：北京师范大学出版社，2012.

案例设计6　"直线和圆的位置关系"复习课

　　《数学课程标准》提出，学生掌握数学知识，不能依赖死记硬背，而应以理解为基础，并在知识的应用中不断巩固和深化。为了帮助学生真正理解数学知识，教师应注重数学知识与学生生活经验的联系、与学生学科知识的联系，组织学生开展实验、操作、尝试等活动，引导学生进行观察、分析、抽象概括，运用知识进行判断。教师还应揭示知识的数学实质及其体现的数学思想，帮助学生厘清相关知识之间的区别和联系等。根据学科的特点，教师要让学生在应用中不断巩固和深化，让知识有"生长点"和"延伸点"，使学生能感受知识的结构和体系。本案例以《切线的证明与计算》复习课教学为例，借助基本构图，让题目不断"生长"，从而使学生在经历题目的"生长""延伸"的过程中感受数学的整体性。

一、内容解析

　　本节内容是《直线和圆的位置关系》的一节知识总结复习课，包含切线的判定以及利用切线的性质进行证明和计算，既是学生刚学完圆的基本知识的一个总结，又为后续学习《圆和圆的位置关系》奠定了基础，是一节承上启下的复习课。同时，本节课内容在"圆"这一部分内容中具有核心地位，体现在线和圆、图形和圆的关系中，在中考中占的比重也比较大。

　　它的重点内容主要包含切线的判定、切线的证明、切线的计算以及内切圆和画图。以往教师在上数学复习课时容易形成一套思维定式，即先回忆概念、性质、定理，再选讲一二例题，配以一定比例的练习题、小测试反馈。这样的复习课往往是教师"一言堂""满堂灌"。但数学复习课绝不是对知识的简单重复，而是学生认知的继续、深化和提高。事实上，上好复习课，对学生巩固学过的知识，为后面的学习打下良好基础至关重要。因此，本节课的设计是通过一道基础题不断"生长"，让学生在题目的"生长"过程中深化对概念的认识、理解知识的运用、构建圆的模型。

二、目标分析

因为是复习课，学生在此之前已学习了《直线和圆的位置关系》，对基本概念、知识运用已有了一定的掌握，基本了解了切线证明所需的条件。从复习前期学生的反馈来看，还有相当一部分学生对切线证明的几种方法的运用还不太了解，对于应用勾股定理来进行切线的计算虽然有了初步的认识，但比较惧怕复杂图形下的问题。由于学生已有了一定的抽象逻辑思维，本节课从数学模型开始，通过题干的逐步"生长"让学生的思维随之"生长"。

本节课的目标如下：

（1）经历题目的"生长"，从中找到直线和圆的位置关系，并归纳出圆切线的几种判定方法；在题目的"生长"过程中，通过实验、操作、尝试活动学会观察、分析和抽象概括。

（2）利用切线的性质进行线段和角的计算或论证，并解决有关问题。

（3）通过知识的迁移感受数学知识的价值和魅力，培养合作学习的意识和探索精神。

三、教学问题诊断分析

学生对圆的理解比较困难，主要是因为圆所关联的知识点比较多、知识点间的思维联系比较密切，而在直线和圆的位置关系中，切线的判定是重难点，需要通过概念的关键词"经过半径外端"和"垂直"得到两种判定方法，这需要学生有较强的归纳能力。同时，利用切线的性质进行线段和角的计算或论证，需要学生有较强的综合能力，教师要设计活动以及抓住问题的"生长点"，让学生了解知识的数学实质。

四、教学过程设计

1. 夯实基础，知识梳理

典例1 如图5-6-1所示，AB 与 $\odot O$ 相切于点 A，已知 $OA = 3$，$AB = 4$，则 $OB =$ _____。

变式1：如图5-6-1所示，AB 与 $\odot O$ 相切于点 A，若 $AB = 4$，$BC = 2$，则 $\odot O$ 的半径 = _____。

变式2：如图5-6-1所示，AB 与 $\odot O$ 相切于点 A，连接 AC，如果 $OC = AC$，则 $\angle BAC =$ _____。

变式3：如图5-6-1所示，上题条件不变，延长 AO 交 $\odot O$ 于点 D，连接 CD，则 $\angle D =$ _____。

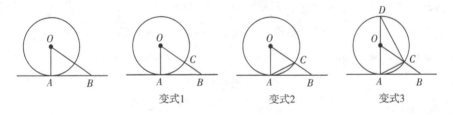

变式1   变式2   变式3

图 5-6-1

活动预设：学生能较快速地完成例题和变式题，在解题的过程中能了解图形的结构和定义、性质以及相关联的知识。

设计意图：传统的复习模式以知识的重现为主线，而本节课的知识梳理采用了问题式的训练，让学生通过解决一个个问题得出相关的概念；对最简单的基本图形模型——圆背景下的直角三角形进行变式，让学生用几何画板感受图形的变换和生长，通过基础训练去复习切线的性质定理及应用，同时让学生用思维导图的方式进行知识梳理，初步体会数学知识之间的联系和衔接。这对后续题目的继续生长有一定的帮助。

2. 归纳总结，脉络整理

活动预设：学生通过对例题及变式题的训练，进行总结和归纳。小组利用思维导图对所学的概念进行归纳和梳理（图5-6-2）。对于这部分知识点先让学生完成预习作业，随后让小组推举学生上来展示和解释。

知识梳理如图 5-6-2 所示。

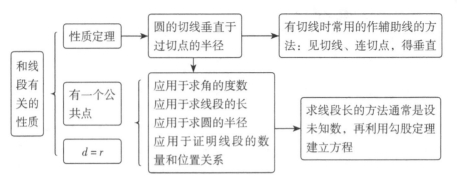

图 5-6-2

设计意图：学生通过画思维导图把已学的圆和直线的位置关系的知识结构、知识脉络梳理得更清晰、清楚。教师课堂上再让各个小组对所画的思维导图进行整理和完善，让小组代表把修改完善后的思维导图展示出来。这旨在让学生进行不同画法的比较，以便取长补短，让学生初步体会数学知识之间的紧密联系。

3. 课堂探究，方法提炼

典例 2　（变式 3 的进一步变式）如图 5-6-3 所示，AD 是 $\odot O$ 的直径，C 是 $\odot O$ 上的一点，且 $\angle D = \angle BAC$。求证：AB 是 $\odot O$ 的切线。

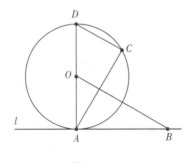

图 5-6-3

典例 3　（典例 1 变式）如图 5-6-4 所示，直线 AB 与 $\odot O$ 相切于点 A，OB 是 $\angle ABE$ 的角平分线，那么直线 BE 与 $\odot O$ 有怎样的位置关系？为什么？

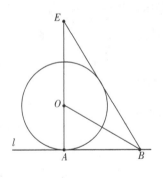

图 5 - 6 - 4

（思考：用刚才典例 1 的方法还能解决问题吗？为什么？）

活动预设：针对切线的证明有两种基本方法，根据前面的问题进行改编，通过问题让学生解决这两个问题。由于有了前面的知识梳理，学生解决这两题比较顺利，为下一步复习"切线"的证明方法打下基础。

设计意图：前面学生已总结出了和线段有关的基本性质，在切线的证明过程中，如何"让教"于学生呢？我设计了两个变式练习，让学生去探究这两种不同的解题方式，感受这两道题在证明方式上既有知识的连贯性，又有思维的递进关系，再让学生去寻找它们的规律。通过这两道题的解决得出此类问题的基本方法是：当线与圆有公共点时，用切线的性质"连半径，得垂直"；当没有明确告知线和圆的公共点时，可以尝试用"作垂直，求半径"的方法。在学生顺利解决问题后，通过问题驱动让学生自己去总结直线与圆相切的证明方法。同时用思维导图的方式进行方法的梳理和总结（图 5 - 6 - 5）。

归纳总结：

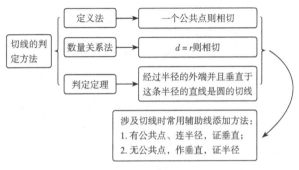

图 5 - 6 - 5

4. 问题拓展，迁移应用

典例4 （典例2、3变式）如图5-6-6（1）所示，AD 是 $\odot O$ 的直径，AB 切 $\odot O$ 于点 A，连接 OB，作 $CD /\!/ OB$ 交 $\odot O$ 于点 C，BC 的延长线与 AD 的延长线交于点 E。

（1）求证：BE 是 $\odot O$ 的切线。

（2）若 $CE = 3$，$DE = \sqrt{3}$，求 $\odot O$ 的半径。

（3）在（2）的条件下：

① 求线段 AB 的长。

② 求阴影部分的面积。

③ 如图5-6-6（2）所示，连 AC 交 OB 于点 F，求证：$\triangle OAF \backsim \triangle EBA$。

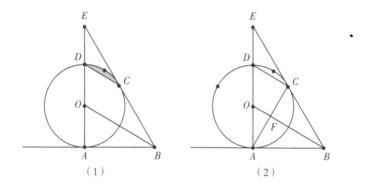

（1）   （2）

图5-6-6

（4）如图5-6-7所示，过点 D 作 $DF /\!/ AB$，交 BE 于 F 点，P 为优弧 $\overparen{DC}$ 上一点，$DF = 1$，$AB = 2$，求 $\tan \angle DPC$ 的值。

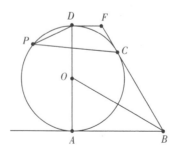

图5-6-7

活动预设：继续对典例 1 进行变形，其中（1）（2）问向 2018 年黔三州中考题方向靠拢，第（4）问按 2020 年广东省中考题方向改编。前三问一共有五个小问，这五个小问之前有比较大的联系，每个问题都是在前一个问题的基础上生长出来的，因此学生解题的难度不会很大。但第（4）问是在前面问题基础上进行增添或减少线段得到的，看似联系不大，但如果善于挖掘线段之间的关系，找到图形间的联系，两道题的难度对于学生而言就会比较适当。

设计说明：本题是典例 1，2 两个图形的整合，这样改编的好处是让学生进一步体会数学知识间的联系，学会融会贯通，在强化学生基础知识的同时，通过中考切线问题的讲解，提高学生对切线证明及切线计算问题的理解。更为重要的是，学生通过题目的生长了解题目如何由一个简单的图形变成繁复的图形，如何由一个题干变成枝繁叶茂的"参天大树"，对学生克服对复杂图形的恐惧有一定的帮助。

5. 总结提升，目标评价

如图 5 - 6 - 8 所示，AC 为 $\odot O$ 的直径，B 为 AC 延长线上一点，且 $\angle BAD = \angle ABD = 30°$，$BC = 1$，$AD$ 为 $\odot O$ 的弦，连接 DO 并延长交 $\odot O$ 于点 E，连接 BE 交 $\odot O$ 于点 M。

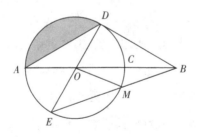

图 5 - 6 - 8

（1）求证：直线 BD 是 $\odot O$ 的切线；

（2）求 $\odot O$ 的半径 OD 的长；

（3）求阴影部分的面积；

（4）求线段 BE 的长；

（5）求线段 BM 的长。

设计意图：想要知道一节课的效果如何，课后的习题评测必不可少。课堂的评测可以让教师及时了解学生对知识的掌握情况，从而适当调整教学顺序。课后的习题测评如果课堂上没有时间进行调整，也可以在下一节课中反馈出现的问题。同时，能够更好地为今后的教学设计提供改进的方向和措施。

五、设计反思

1. 问题驱动中整合知识之间的联系

知识网络的建构打破了学生以往背知识点的习惯，问题驱动整个知识建构过程逻辑性更强，建构更为顺畅和自然。首先，让学生从数学问题出发，保持学习热情，不至于让学生因为面对学过的知识、简单的背诵而感到学习索然无味，更关键的是注重知识间的逻辑结构。其次，通过问题解决提炼模型，通过问题变式形成思想，找到解决模型的思想和方法，通过师生合作，整理、整合出知识的脉络，找到知识间的内在联系，以此来归纳总结本章主要的数学思想和方法。最后，通过问题拓展让学生在学会用思辨的方式构建知识脉络、总结知识之后，给出问题的解决方案。

2. 问题生长中搭建知识之间的桥梁

以问题代替直接复习知识点，充分激发学生在数学复习课中的探究欲望，落实学生在数学复习课中的主体地位。学生通过亲身经历证明以圆为模型的线之间关系的过程，主动建构圆切线的证明和计算方法的知识网络。同时，问题助推了师生互动与生生互动，学生不再处于静止状态，而是积极主动地参与到教学活动中来。通过问题的不断生长，学生初步掌握了切线、线段和面积之间的关系，为后续解决这些问题搭建了桥梁。

3. 问题解决中促进知识之间的迁移

《数学课程标准》在七至九年级的学段目标中提出：让学生"经历从不同角度寻求分析问题和解决问题的方法的过程，体验解决问题方法的多样性，掌握分析问题和解决问题的一些基本方法"。在本节课里，学生通过一系列问题掌握了切线的证明方法和线段的计算，又通过问题的不断变式体会建构好的知识脉络和相似、阴影部分的面积以及三角函数求解的知识迁移，进一步加深对模型的理解，形成思想、凸显策略。

传统的复习课更多的是以知识重现、记忆和解题方法、策略的教授为主，对于学生来说，复习课就是一节习题课，枯燥、乏味。但本节课以问题驱动问题，让学生去分析问题，讲述自己的理解，在"让教"中，学生的思维不断深化，学生在复习课中能主动、轻松、愉快地学习，并真正体会数学的内涵。

参考文献：

[1] 中华人民共和国教育部. 义务教育数学课程标准：2011 年版［M］. 北京：北京师范大学出版社，2012.

[2] 赵祥美，杨得封. 初中数学复习课教学策略［J］. 初中数学教与学，2020（16）：18－20.

[3] 郑为勤，蔡海涛. 从"学会"走向"会学"：微课"与圆的切线有关的证明"的实录与反思［J］. 中小学数学（初中版），2020（9）：52－56.

[4] 段小龙，叶强，罗文平. 基于"问题驱动"下的数学单元（章末）复习课的教学设计［J］. 数学通讯（教师阅读），2018（9）：20－25.

[5] 王冲. "问题"唤醒"沉睡"的数学复习课堂：对问题驱动下的数学复习课的感悟［J］. 中学数学（初中版），2016（12）：51－53.

案例设计7 "认识二元一次方程组" 教学设计

一、教学内容分析

教材通过对现实世界的刻画，让学生在逐步分析中生成概念知识并建立起方程的有效模型。在教学过程中，突出建模思想，使学生逐步认识建立方程（组）是解决实际问题的基本途径之一，逐步培养学生类比分析和归纳概括的能力，渗透变与不变的辩证统一思想。

二、学生分析

授课班级在学校属于次重点班，学生有一定的接受能力，基础比较扎实，但生生之间差距较大，因此，授课难度不能太大，题目的梯度和跨度不能过大。这是一节概念课，因此我决定通过问题驱动引导学生在课堂里生成知识，获得知识的概念，体会知识的应用价值。

三、教学重难点分析

1. 教学重点

通过实际生活中的问题驱动，带领学生在发现的过程中构建二元一次方程的知识体系，并认识和理解一系列知识——二元一次方程、二元一次方程组的构成、二元一次方程组的解以及检验一对数值是不是某个二元一次方程组的解。

2. 教学难点

知道二元一次方程组的解的概念，知道对于一个二元一次方程，只要给出其中任意一个未知数的取值，就必定能找到适合这个方程的另一个未知数的值，进一步理解二元一次方程有无数个解，以及二元一次方程组（未知数的个数与独立等量关系个数相等）有唯一确定的解。

四、教学目标

1. 知识目标

学生能说出二元一次方程、二元一次方程组和它的解的概念，会检验所给的一组未知数的值是否是二元一次方程、二元一次方程组的解。

2. 技能目标

学生通过回答问题时和一元一次方程进行类比，探究二元一次方程（组）及其解的概念，进一步培养运用类比转化的思想解决数学问题的能力。

3. "让教"目标

（1）通过问题驱动，学生在解决问题的过程中发现知识、找到规律，最后生成知识。

（2）通过课堂里的问题回答、对实际问题的分析，学生进一步体会方程是刻画现实世界的有效数学模型，培养良好的数学应用意识。

五、教学过程设计

1. 知识回顾，温故知新

（1）什么叫一元一次方程？

（2）下列方程是一元一次方程的是（　　　）。

A. $1 + \dfrac{1}{x} = 1$

B. $x + y = 1$

C. $x + 2 = 3x - 4$

D. $x^2 + 1 = 5$

（3）若 $x = 2$ 是关于 x 的一元一次方程 $ax + 2 = 8$ 的解，则 $a = $ _____ 。

（4）单项式 $5x$ 的次数是_____，$5xy$ 的次数是_____。

设计意图：通过对旧知识的复习，唤醒学生对方程旧知识的回顾，让学生回忆起方程的基本特征，为下一步学习新知识以及新、旧知识之间的迁移奠定基础。

2. 以史激趣，引入新课

PPT出示《孙子算经》中的"鸡兔同笼"问题的发展过程和趣味性，并同时给出问题让学生求解。

问题1：今有鸡兔同笼，上有三十五头，下有九十四足，问鸡兔各几何？你能想出多少种解决办法？

设计意图：这个问题小学已学过，教师没有直接让学生说出答案，而是把问题抛给各小组，让小组去探讨更多不同的解法，以便教师深入各组寻找不同的解题方法，并让小组把各类成果通过平板推送上来，以便教师清晰了解各组的学习状况。通过熟知的问题激发学生对这个问题的再思考，教师也不直接帮学生假设，开放问题的解法就是要让学生重现小学算术解法和七年级的一元一次方程解法，观察学生是否能找到两者的关系，为后续运用消元思想解二元一次方程组做好铺垫，并为最终得出概念埋下伏笔。

3. 创设情境，生成概念

（1）探求二元一次方程的概念

图5-7-1是例题中牛马之间的对话，教师邀请"让教"学生上讲台带领大家读题、审题，并通过牛和马的对话，请"让教"学生提出自己的问题。

图5-7-1

问题2：亲爱的同学们：知道牛大哥和马小弟各驮了多少包裹吗？

问题3：你能通过问题1和问题2列出相应的方程吗？

（1）$x+y=35$；

（2）$2x+4y=94$；

（3）$x - y = 2$；

（4）$x + 1 = 2 \ (y - 1)$。

追问：列出这四个方程后请回答下列几个问题：

（1）这四个方程有什么共同特征？

（2）这些特征与一元一次方程相比，有哪些异同？你能给它们取个名字吗？

（3）根据它们的共同特征，你认为怎样的方程叫作二元一次方程？

小组合作：先让学生独立观察、思考，然后小组进行讨论得出结论。

概念：含有两个未知数，并且所含未知数的项的次数都是 1 的方程叫作二元一次方程。

学以致用 1：下列哪些方程是二元一次方程？请说明理由。

（1）$2x - 3y = 9$；

（2）$x + 1 = 6z$；

（3）$xy + 3 = 2y$；

（4）$x + y - 1 = 3z$；

（5）$\frac{1}{2}x + y = 1$；

（6）$\frac{1}{x} - 5y = 2$。

归纳：一元一次方程与二元一次方程的区别（学生回答，见表 5 - 6 - 1）。

表 5 - 6 - 1

方程	不同点	相同点
一元一次方程	1 个未知数	含有未知数的项的次数是一次的整式方程
二元一次方程	2 个未知数	

设计意图：这里的"让教"对学生来说是一个难点，因为涉及概念的产生，所以，教师把这种"让教"任务提前较长时间交给了学生，并引导"让教"团队针对方程提出问题，最后"让教"团队提出：借助"老牛小马驮包裹"问题引入，并借助"鸡兔同笼"的结论来展开教学，这样有利于同学们建立相应的数学模型（列方程）。通过观察、合作式学习等方式，学生找到方程之间共性的地方，并由它生成新的知识，设计的目的在于从学生已有的生活经验出发，让学生经历将实际问题抽象成数学模型并进行解释与应用的过程。

（2）探求二元一次方程组的概念

问题 4：在问题 3 的方程（1）$x + y = 35$、方程（2）$2x + 4y = 94$、方程

（3）$x - y = 2$ 和方程（4）$x + 1 = 2（y - 1）$ 中，x 和 y 所代表的对象是什么？它们相同吗？

追问：

（1）x 和 y 表达的对象分别是什么？

（2）若所表达的对象相同，可以联立为一组吗？

概念：像这样，含有两个未知数的两个一次方程所组成的一组方程，叫作二元一次方程组。

学以致用 2：请判断下列各方程组中哪些是二元一次方程组，哪些不是，并说明理由。

（1）$\begin{cases} x + 5 = 7 - y \\ x - y = 2 \end{cases}$； （2）$\begin{cases} x + y = 3 \\ y + z = 4 \end{cases}$；

（3）$\begin{cases} x + 3y = 2 \\ xy = 6 \end{cases}$； （4）$\begin{cases} x^2 = 2 \\ x + y = 7 \end{cases}$.

归纳：总结判断的特征——两个未知数、两个一次方程和整式方程。

设计意图：结合前面出现的问题以及教师提出的新问题，让学生自己去感悟、玩味、领悟概念的发现和发展，让学生明白概念产生的必要性、必然性及内在关联性。

（3）探求二元一次方程（组）解的概念

问题 5：请你写出适合方程 $x - y = 2$ 的 x 与 y 的值。（表 5 - 6 - 2）

表 5 - 6 - 2

x	1	2	3	4	5	6	7	…
y								

问题 6：请你写出适合方程 $x + 1 = 2（y - 1）$ 的 x 与 y 的值。（表 5 - 6 - 3）

表 5 - 6 - 3

x	1	2	3	4	5	6	7	…
y								

问题 7：你能模仿一元一次方程的解，给二元一次方程的解下定义吗？它

与一元一次方程的解有何区别？如何表示？

学生回答：适合一个二元一次方程的一组未知数的值，叫作这个二元一次方程的一个解。

问题 8：你能找到一组同时适合 $x - y = 2$ 和 $x + 1 = 2（y - 1）$ 的 x，y 的值吗？如何确定？还能找到另一组同时适合这两个方程的未知数的值吗？

学生回答：二元一次方程组中各个方程的公共解，叫作这个二元一次方程组的解。

学以致用 3：

1. 下面 4 组数值中，哪些是二元一次方程 $2x + y = 10$ 的解？

（1）$\begin{cases} x = -2 \\ y = 6 \end{cases}$；　　　　　　　（2）$\begin{cases} x = 3 \\ y = 4 \end{cases}$；

（3）$\begin{cases} x = 4 \\ y = 3 \end{cases}$；　　　　　　　（4）$\begin{cases} x = 6 \\ y = -2 \end{cases}$.

2. 二元一次方程组 $\begin{cases} x + 2y = 10 \\ y = 2x \end{cases}$ 的解是（　　　）。

A. $\begin{cases} x = 4 \\ y = 3 \end{cases}$　　　　　　　B. $\begin{cases} x = 3 \\ y = 6 \end{cases}$

C. $\begin{cases} x = 2 \\ y = 4 \end{cases}$　　　　　　　D. $\begin{cases} x = 4 \\ y = 2 \end{cases}$

设计意图：由于这个环节的问题较多且较细，如果还是让学生进行范教或合作式"让教"，必会使学生产生过大的心理压力。因此，在这一环节中，教师把学科知识设计为一个个问题去引导学生的思考和回答，结合已出现的方程引导学生利用方程的解及一元一次方程的解进行知识迁移与类比，在原有认知结构基础上同化新知识，并建构新的知识体系。这里采用表格的形式，而没有对一元一次方程的解采用开放的形式去寻找公共解，目的是减少学生探究过程中的盲目性和随机性。

4. 随堂练习，巩固提高

1. 下列各式是二元一次方程的是（　　　）。

A. $x = 2y$
B. $2x + y = 3z$

C. $x^2 + x - y = 0$
D. $3x + 2 = 5$

2. 若 $x^{a-1} + 2y = 5$ 是关于 x，y 的二元一次方程，则 a 的值为 _____。

3. 下列不是二元一次方程组的是（　　）。

A. $\begin{cases} x + y = 2 \\ x - y = 1 \end{cases}$
B. $\begin{cases} x = 4 \\ y = 3 \end{cases}$

C. $\begin{cases} x + t = 4 \\ y + x = 3 \end{cases}$
D. $\begin{cases} 6x + 4y = 9 \\ y = 3x + 4 \end{cases}$

4. 若 $\begin{cases} x = 3 \\ y = 2 \end{cases}$ 是 $x - ay = 1$ 的解，则 a 的值为 _____。

5. 甲种物品每个 2kg，乙种物品每个 1kg，现有甲种物品 x 个，乙种物品 y 个，共 8kg。

（1）列出关于 x，y 的二元一次方程；

（2）若 $x = 1$，则 $y = $ _____；

（3）请写出适合 x 和 y 的所有整数解。

6. 小明对小梁说："昨天我们 8 个人去了华侨城的'欢乐海岸'游玩，买门票花去了 750 元。"小梁想：每张成人票 120 元，每张儿童票 50 元，他们到底去了几个成人、几个儿童？你能帮小梁求出来吗？（列出式子就可以了）

设计意图：在设置练习的过程中，既考虑了知识训练的全覆盖，也注重了题目的梯度性，让学生在应用概念的过程中形成了技能，发展了数学认知和理解能力。这不仅是学生练习、巩固和熟能生巧的必要过程，还是检测学生学习效果的重要手段，是收集学情信息并及时反馈的一个重要途径。

5. 课堂小结

教师引导，学生回答：一组概念、一组探索……

六、课后反思

（1）通过问题引导、合作"让教"，让学生发现概念，基于问题驱动让学生经历概念的形成过程。

本节课能体现学生自主学习、自主发现和自主形成知识的过程。课堂上，教师并没有把知识灌输给学生，而是通过一系列的问题来引导学生思维的进阶。在这个过程中，教师起到的作用是引导、纠正和提醒，教师适当地采用不同形式的"让教"，这样的"让教"不会使学生产生过重的心理负担，又具备一定的难度。"让教"团队在问题设计过程中会不自觉地走向原有的旧知识（在列方程时会用到初一学过的一元一次方程），此时，教师就要把学生从旧知识引到新知识中来，帮助"让教"团队去理解这些知识在整节课中的作用，这样的"让教"显然是学生能够接受的。

（2）树立让学生自己去应用的意识，体现学以致用，基于问题引导学生解决问题，促进学生对数学的理解。

学生学习新知识时，特别是在求二元一次方程组的解时，出现了一定的障碍，不能很顺利地进行计算。

此时，我没有避实就虚，而是让学生通过讨论得出较为简洁、简便的方法，再把这些方法和答案在班上展示，由其他学生来辨认和判断，这样把问题交给全班学生去解决，收到了不错的效果。在练习的过程中，全面体现了学以致用，让学生用学到的新知识去解决问题，一来巩固学生所学知识，二来检验学生所学知识的应用性、正确性，用问题来带动、引导和促进学生对数学的理解。

（3）以史激趣，用正能量情感代替平凡对话，使课堂更具温情。

在设置问题情境时，"让教"团队提出：教材原有的牛马对话比较消极，能否修改对话的语气？在得到肯定答复后，团队就设计出了具有正能量和温情的对话。笔者觉得这样的改动对培养学生良好的素养起了导向的作用，为此我专门在班上表扬了"让教"团队。同时，为了让学生更好地进入学习状态，"让教"团队提议把小学学过的"鸡兔同笼"问题也引进来，这样的设计同样被我采用了。尽管这节课的设计有很多不足之处，但"让教"团队提出了很多建设性的意见，或许这也是我长期在课堂上坚持"让教"于生、"共享教学时间"的一种收获吧。